清末民初金石书画收藏家李汝谦传略

最后的秀才

苗福生 著

陕西新华出版传媒集团
三秦出版社

图书在版编目（CIP）数据

最后的秀才：清末民初金石书画收藏家李汝谦传略 / 苗福生著. -- 西安：三秦出版社, 2018.1

ISBN 978-7-5518-1747-9

Ⅰ.①最… Ⅱ.①苗… Ⅲ.①李汝谦－生平事迹 Ⅳ.①K825.72

中国版本图书馆CIP数据核字(2017)第329031号

最后的秀才

苗福生　著

出版发行　陕西新华出版传媒集团　三秦出版社
社　　址　西安市北大街147号
电　　话　（029）87205121
邮政编码　710003
印　　刷　西安市商标印刷厂
开　　本　787mm×1092mm　1/16
印　　张　11.5
字　　数　180千字
版　　次　2018年4月第1版
2018年4月第1次印刷
标准书号　ISBN 978-7-5518-1747-9
定　　价　86.00元

网　　址　http://www.sqcbs.cn

序：不须星宿托长庚

——一位不应被遗忘的清末民国人物李汝谦

李汝谦（1878—1931），字益山，又字一山，山东济宁人，清末廪生，是1905年科举考试取缔之前最后的一期秀才。1907年，他作为官费生留学日本，就读于东京法政大学，1911年学成回国。李汝谦一生曾短暂涉足仕途，1912年出任中华民国首任泰安知府，1927年任黄县知事，在位均不超过一年便去职，后长期担任民国政府法制局参事、国史馆编修，但这不过是一份闲差。究其一生，李汝谦主要还是作为一位文化学者——诗人、书画家、收藏家、金石学家，在那个改朝换代的大动荡年代，留下了自己的文化足迹，只是这些文化遗产（有些是极其珍贵的），一直以来散见于各类史料，不少仍然躺在图书馆、博物馆里，几乎为后人遗忘；我们收集到的不过是他文化活动的一部分，但我们认为这对于研究李汝谦、任城李氏家族以及中国早期赴日留学生生活乃至金石大家黄易与李氏家族之关系，是有一定参考价值的。

自幼接受私塾教育的李汝谦，虽然青年时期在日本接受了西方思想，但是，当他带着理想回国并在短暂的仕途中遭遇失意之后，他的主要精力或者主要兴趣与兴奋点还是放在了家学深厚的文化活动上，他在诗文、书画、收藏、金石学领域均颇有造诣，并且成绩不俗。

诗文方面，他早期著有《螺楼海外文字》（现收藏于国家图书馆），其中大部分为他留学日本期间创作的诗文。诗歌均为古体诗，少量的几篇记事、议论散文也夹杂了半文言。民国人物许一士撰写的《近代稗史》，在《李汝谦》一节中，对其文学才华予以极高评价，文中以七言长诗《挽张之洞》为例，评价该诗的写作风格是：“沉挚精湛，实为杰构，文学造诣，可见梗概。”更有后人评价他的文学才华曰“文采风流，兴致不减，为文疏密自由，不循常格”等等。李汝谦留日之前，接受济宁太守王鹿泉的宴请，在当地著名的太白楼即兴赋诗，写下的楹联“宴客亦寻常，贺监何人应让风流归太守；能诗最奇特，青莲如我不须星宿托长庚”，经清末名士张謇撰写，至今仍镶嵌在太白楼墙壁之上，成为当地一景。

李汝谦曾收藏大量历代名家书画、金石拓片。如今国内外著名拍卖行举办的书画作品拍卖会上，偶尔能看到他收藏过的名家作品，当然他收藏过最重要的当属两件如今收藏在故宫博物院的国宝级文物《唐拓武梁祠画像》与《西岳华山庙碑》拓片。李汝谦亦能书能画，其书法以行楷、隶书见长，隶书尤为其最爱。他至今为世人所收藏的多为隶书作品，如与吴昌硕等合作过的《爱日楼图》以及青岛博物馆所收藏的十一言联等。早年留学日本写下的《游稻毛记》手稿，是行楷，至今收藏在日本女子实践大学，该作品曾在日本展出。

李汝谦的隶书受黄易影响较大。黄易是乾嘉时期重要书画、金石学家，号称金石篆刻西泠八家之翘楚。黄易曾长期在济宁任运河同知，与李汝谦先祖李作霖不仅为金石学方面的知交，而且也是儿女亲家，李汝谦的高祖母黄润是黄易的女儿。在文化家学与趣味上，黄易对李氏后代影响深远，收集在《四库全书续编》中的《秋盦遗稿》，便是在李汝谦的手上完成出版的，其中的《跋》是李汝谦在日本留学时所做，该文详细叙述了李氏后人与黄易之渊源关系。李汝谦一生收集了大量的黄易作品，为自己在北平的书房取名为“百黄斋”，晚年每日临摹黄易隶书。

李汝谦在金石学方面积累的学识也与家传有关，在他一生的文化活动中，朋友里面有多位金石学领域的重要人物，如罗振玉、赵世骏、吴昌硕、丁佛言等大家，有文献记载云：“一山工金石，于济宁藏汉碑甚富。康有为济宁访碑，一山为其先导。”李汝谦在金石领域多有成就，最早编辑出版《新郑出土古器图志全编》并作序，修订火烧残本《唐拓武梁祠画像》，为丁佛言《说文古籀补补》作序等等。

李汝谦留下的文化遗产，除了正式文章多以“济宁李汝谦”署名外，收藏过的大多数作品以“一山”印章为标志，“一山”不仅是其字，也是收藏界默认的文物权威的认定标识。李汝谦的文化活动足迹本来就散见于诗文、书画、收藏、金石各领域，加之经过国家百年动荡遗失不少，再加之知道李汝谦的未必知道“一山”，知道“一山”的又未必知道李汝谦，因此搜集他的资料难度很大，我们整理出版的这本《最后的秀才》，不过是将已有的有限资料，经过分析综合，还原一个较为完整的近代文化人物。李汝谦年轻的时候，便信心满满地宣称“青莲如我，不须星宿托长庚”，他相信“能诗最奇特”，凭其诗才，必能青史留名。回顾其一生的文化成就，后人是会记住他的。

是为序。

目　录

上　篇

中　篇

下　篇

跋

后　记

附　录

上　篇

1. 外曾祖：一个偶然提起的家族话题

外曾祖不过是我们家茶余饭后偶尔被提起的一个家庭话题与家族记忆。

这个话题是零星的、记忆是碎片的，偶然被提起也是语焉不详的。

因此，直到我们打算去认真查找的时候，却忽然发现，无处下手，因为不知道这位传说中的外曾祖名谁、叫谁。

说来，也真是惭愧，这才过去多少年？我们连自己的前几辈都记不清楚了。其实，我们又有多少人，知道我们的爷爷、奶奶，姥爷、姥姥，以及他们上一辈、更上一辈的一辈，是谁名谁呢？

我们真是生活在一个没有记忆和不需要记忆的年代吗？

我曾经和一位文化界的朋友，无意间聊起我们当代中国人的处境，朋友也是无不叹息地说，是啊，想想我们当代中国人，也是蛮悲哀的。天天忙啊忙啊，忙什么呢？过去至少我们的家人还有老家、故园、族谱、家谱，现在呢，什么也没有了。我的这位朋友，说起这些的时候，聊天时通常是炯炯的目光，突然黯淡下来，仿佛一下子熄灭的火苗。

我们之所以偶然还会说起外曾祖，是因为外曾祖曾经是岳母这个家族的骄傲，是在诗文、书画、金石、收藏等领域做出过业绩的人。有业绩，自然还被提起，可是如果仅仅是一个普通百姓呢，后人又有谁记得他们，又该到哪里去寻找他们呢？

岳母 80 岁有余。岳母出生在 1935 年。岳母兄妹三人。事实上，岳母同父异母的兄弟姐妹有 13 人之多。因为大家族的原因，因为其中的磕磕绊绊，解放前夕分家之后，这些家族同父异母之间已经没有了来往，在我们的意识里，岳母只有三兄妹。岳母老大，还有一弟弟、妹妹。弟弟、妹妹也是过了 80 岁和将近 80 岁的老人了。

岳母姓李，是李氏家族这一代人里的长女。即便如此，她对家里的记忆，也是模糊的。因为，外曾祖——也就是她的爷爷去世早，严格说来，她是在爷爷去世 4 年之后才出生。她对外曾祖的记忆，也只是，童年时期对外曾祖遗物的记忆和对长辈记忆的记忆。

岳母以及她的弟弟、妹妹能够回忆对外曾祖以及他们家族生活的就只能是留在童年里的一点记忆。

岳母的李氏家族，是一个大家族。

在我们查阅了她家 600 年的家谱后，就更可以断定这是一个了不起的大家族。当然这是后话，我们后面将会加以详细叙述。这一点，连岳母本人也不清楚。直到我们千辛万苦、千方百计查到以后，我们常常会说起一些她的家族史，岳母也才在兴趣盎然中对他们的家族有了一定的了解。

2. 家人的模糊记忆

岳母出生在北京，读书、成长均在北京，在同龄人里，她是受过良好教育的，但她对家族里的事知道的也是十分有限。

岳母说，她的老家在山东，是济宁，还是微山湖，或者说是济宁管辖之下的水泊梁山，又是模棱两可。

她说在微山湖的依据是，她爷爷年轻的时候，在老家常常生吃河鲜，后来得了一种病，出在肝脾上，50 岁以后，好像就死在这个病上。是肝腹水吗？说不清。岳母所谓的记忆，事实上是在她的成长中，在长辈那儿获取的零星记忆。

不过，我们判定，岳母的记忆很可能来自家族中长辈的以讹传讹。其实呢，济宁城当年也是京杭大运河上的重要枢纽，南来北往，水运发达，商业繁荣，自然是不缺河鲜的。这也是后话。我们之所以理直气壮地说就是济宁，是因为我们查到的确凿信息是济宁，并且几乎可以说，在康乾盛世的上百年历史中，李家人才辈出，李家的读书科考是出了名的，李家的做官是出了名的，李家的经商是出了名的，李家疏财仗义的好名声也是出了名的。李氏家谱记载有一门三代进士，家族中考中举人、进士的有多人，至于庠生、廪生、贡生，更是举不胜举，几乎可以说，一部李家史，也是一个济宁城的缩影呢。如今，济宁城保留最完好的江南园林荩园也曾经是李家祖上的私人花园。当然，由于国家经历的大动荡以及整个民族的集体失忆——包括李家，已经没人知道自己家族哪怕一百年前的历史了。

不过，岳母依稀记得李家在北京东城净土寺 7 号院的幸福时光。

岳母至今保留了一张她最早5岁时候在净土寺7号院家里的照片。岳母描述，家里有三进院子，她照相的位置，在最后的一宅院子，再后，是一堵高墙，东边，靠近吴佩孚将军家的花园。吴佩孚也是山东人，没准儿也是他们那一代人老乡找老乡，相约一起买的房。那时候经常过往的山东老乡还有济宁老乡、民国时期当过政府总理的靳云鹏、潘复，有金石学家丁佛言，著名报人王文墀等人。

岳母说，在南苑机场，当年有430亩良田，日本人占领北平后，强行占去一大半，修了机场，日本人走后，家里在附近还买了几十亩地，后来归了公。德胜门外祁家豁子是爷爷选下的墓地，也有不少亩地。

岳母的爷爷李汝谦喜收藏，能书画。在岳母的记忆里，爷爷去世后，留下不少字画，每年秋天，奶奶都要按惯例在大客厅里系上很多根绳子晾晒，满客厅都是字画，八大山人的、郑板桥的、唐伯虎的，岳母能记忆起来的书画家有限，还有很多印章，院子里还堆了很多用来刻章的玉石。

岳母回忆，一大家子的吃喝用度，全靠奶奶打理。院子里还住着东屋奶奶、西屋奶奶，爷爷走后，她们很少出门。岳母记忆中，她的奶奶不识字，没文化，但是很能干，全家里里外外全靠她忙活，爷爷走后，家里没有了收入来源，一直靠卖字画换点钱，有一个叫鲍书滨的，家里都叫他小鲍，隔三岔五跑到家里来，拿走字画，留下一点钱。岳母说，没办法，家里没钱，有时候真是咸菜吃完，连一点盐都没有了，就得卖字画。

1949年解放前夕，北平城炮声隆隆，岳母说，她的奶奶是吓死的。不过岳母又解释说，那时候都这么说，现在看来，是心脏病。因为记得奶奶经常心绞痛。

奶奶走了，这个家也就散了。岳母说，她的父亲娶了三房，解放了，把净土寺7号院的房子卖了，那时候房子不值钱，也就是换了一些布匹。

“文革”开始，先是本单位的革命群众带领红卫兵冲进家里破“四旧”。那时候岳母已经结婚成家，住在单位宿舍，红卫兵便闯进宿舍，发现并无“四旧”可破，就一把掀起床上的缎子被面，一个女红卫兵带头将缎子被面撕成碎片。岳母至今记得那个造反派面对缎子被面，目光里发出来的仇恨与怒火。

她还记得那个单位女造反派姓孙，人长得胖墩墩的，圆脸，短头发，胳膊粗壮。搜查完单位宿舍，又拿出一张事前早已抄写好的小纸条，上面写着早已打探到的岳母母亲的住址，逼岳母带路，前往打钟庙，继续抄家。岳母说，她母亲早就没有了自己的家，打钟庙的房子是弟弟所在单位分下的。红卫兵不管这些，冲进弟弟家里，将过去分家留下的几件旧家具，也都当作“四旧”拉走了。

那个姓孙的造反派，后来不到59岁，就死了。岳母一直记得这个姓孙的同事，说她是苦出身，凭着自己出身好，颐指气使，“文革”结束后，不再嚣张。我们问，这是报应吗？岳母平静地说，谁知道呢，反正“文革”那几个闹得凶的，都死得早。

“文革”结束，有关部门通知岳母和弟弟去认领当年当作“四旧”收走的老式家具，他们去看了，库房里只剩下几块散架的破木板，她和弟弟都没要。不过，那时候的家具用的都是好木料，可能是红木的、檀木的，我们笑言，现在收下来也是好东西啊。岳母说，是啊，谁知道现在这也成好东西了。

岳母如今留下的历史遗物，还有几张照片以及她母亲陪嫁带过来的两个樟木箱子，几次搬家，因为箱子太大，样式又老旧，早送人了，仅留下两把箱子上的铜锁，算是对她母亲的怀念。

关于那个年代，关于那个家族，关于爷爷和她的三房奶奶以及她的前辈，岳母的记忆大抵就是这些。

没了。

3. 一次失败的寻找

岳母对她爷爷的名字记不清了。

小时候，只记得长辈偶尔提起，叫什么李一山、李逸仙，也可能是李益三，说不好，岳母补充说，听长辈们说，爷爷好像还当过山东黄县县令。

随着时间的远逝，以及早年长辈的纷纷离去，岳母的爷爷——我们称作外曾祖的那个人，愈发变得模糊。

根据岳母提供的线索，出于好奇，我们在互联网上搜过几次，都是无果而终。

我们通过在山东龙口市政府部门工作的朋友，在当地的《黄县县志》里查找过，还是杳无音信。

朋友解释说，老黄县改名龙口市了，只有龙口县县志，老黄县县志清末民初的也都没有记录。热心的朋友给我们发来过康熙时期的《黄县县志》电子版，出于好意，朋友还弄来一本印刷精美、十分厚重的《龙口县志》。我们翻了翻，现代人做的县志，大同小异，哪里还有什么“历史”呢?

有一次，和著名作家石英老师一起吃饭闲聊，无意中得知他是黄县人。我刚一开口说，您是龙口人啊，老先生倒有点生气了。石英说，我从来都说我是老黄县人，龙口是哪儿啊。黄县多少年历史了，龙口才几年！石英老师很以黄县人为荣的。他骄傲的是黄县的悠久历史和厚重文化。石英老师记忆力惊人，他能记起许多老黄县历史上的人与事，当然这扯远了。不过，不尊重历史，不善待历史，大抵也是我们当下人的特性。鲁迅先生不是生气地说过，中国人忘性很好吗?

我一直相信，在我们的生命里，冥冥之中有一种神奇的力量，在特定的时点，在有意无意之间，会给我们某种启示或者暗示。也许这是我们至今仍然无法破译的遗传密码或血缘关系在起作用。谁又能说清楚呢？比如骨肉亲人千里之外的某种感应，比如去世多年的亲人的一次托梦。

4. 从海外传来的惊喜

就在我们网上搜索无果，并且很快就把这件事从心里放下之后，有一天，我们突然收到了表弟李辉从国外发来的微信，里面是一条他在互联网上搜索到的关于外曾祖的信息。此前，我们从来没有和他谈论过此事。

李辉是岳母胞弟的唯一儿子，李辉的父亲我们称作舅舅。

舅舅叫李宗济，是李家第十九代长子，也是十九代嫡孙。当然这也是我们后来在家谱里查到的。直到现在，八十出头的舅舅其实也没有弄清楚他李家家谱的事。而且，我们竟然在李家家谱里发现，舅舅与李家第三代祖宗是重名：李宗济，一字不差。

李辉是李家第二十代长子，也是第二十代嫡孙。

我们寻找的外曾祖，是李辉的曾爷爷。按照家谱、族谱排序，李辉应该是外曾祖血脉最亲近的人。说到底，那可是他的亲曾祖啊。

李辉从小在北京长大，聪明能干。中年以后，事业有成，举家迁往海外。李辉虽未入籍，但在国外生活也已经接近 10 年了。期间，他陆续回国几次，我们也有联系，但从未听他说过关于外曾祖的事。闲谈中，偶尔提到家族过去，也是一笑带过，实在没什么好说的。他知道的也就是长辈记忆中的那一点事，他的父亲年龄比岳母小一点，作为长孙，知道的并不比岳母更多。

也许人到中年，开始知天命；也许出国久了，拉开了距离，反而更多了一层对自我身份的好奇与确认。

总之，有一天，就在无意之中，我们忽然获得了李辉发来的微信。他找到了他的曾祖父，并且确切无误：叫李汝谦。

这是不是一种神奇的力量？他在海外，我们在北京，事前并没有商量，甚至没有谈起，然而，无意之中，我们似乎都在找。而他找到了。

互联网上，打出民国人物李汝谦这几个字，信息纷至沓来。

经过简单梳理，李汝谦的基本信息是：李汝谦，字一山。清末民初人物，卒于1930年（经过我们的考证，目前公开资料上关于他的生卒年月，出生时间依然不详；去世时间普遍说法是1930年，但这个说法肯定是以讹传讹，确切的时间应当是1931年夏季），是金石学家、书画家、收藏家，诗人，做过泰山知府（后改为县）、知县，黄县县令、北洋政府法制局参事等。他收藏过的《西岳华山庙碑》《唐拓武梁祠画像》至今珍藏在故宫博物院，他的专著《螺楼海外文字》收藏在国家图书馆，他的书法作品以及收藏过的名画时常在佳士得等大拍卖行拍卖。这都是后话，随着李辉的发现，尤其是找到外曾祖的真实姓名，我们收集到的关于外曾祖李汝谦的信息越来越丰富，并不断给我们带来意外惊喜。

仔细想来，作为民国时期有一定影响的人物，在如今发达的互联网上寻找并不困难。

困难的是，这个家族里，几位长辈虽然健在，然而，居然不知道外曾祖的尊姓大名。

经历了百年动荡史，我们的历史，我们的血脉，我们的家族记忆就是这样被遗忘，被抹平，正是所谓的来无影、去无踪的吗？

我们所有各位，以及因为有缘读到本书的读者朋友，我们还能够说出自己的爷爷奶奶、姥爷姥姥，以及再往上推，我们爷爷的爷爷、奶奶的奶奶是谁？尊姓大名？

忽然想起那位台湾长大的著名诗人席慕蓉女士，当她终于来到“父亲的草原母亲的河”的内蒙古大草原，当她感动得泪如雨下，在诗中动情地喊出“我也是高原的孩子啊”的时候，那不过是才刚刚过去的几十年历史沧桑。而她多年思念的不过是父亲的土地母亲的河啊，她还能知道她的父亲的父亲，母亲的母亲，还有更多更久远的血脉亲情吗？如果说席慕蓉女士的家国悲情是出于海峡两岸的几十年隔断，那么，有多少人却是在无意识中与自己的文化血脉、家族血脉在隔断啊。

李辉找到李汝谦，据他自己说，是不经意的，是在国外上网偶然搜到的。

而我们认识的一位虔诚的基督徒在听我们聊这件事的时候，则十分肯定地说：这是神的安排。

是不是神的安排，我们这些从小接受唯物主义教育的俗人，确实不好说，但要说是偶然，恐怕也不对。接下来，在我们的寻找中，还有更巧合的事情发生，这当然更不是偶然。我们相信，只要你执著地去做某件事，奇迹总会发生。比如，我们在艰难地寻找《任城李氏家谱》的过程中，就不断出现奇迹，这也是后话。

李辉说，他其实很早的时候就知道他曾祖父的名字。大概在上世纪 80 年代，有一回他无意中在父亲的抽屉里，翻出一张父亲填写的履历表，表内一栏写有他爸爸爷爷的名字：李一山。

他和谁也没有说起。可是，这两个字就像种子一样深深扎根在他的记忆里。

过去了很多年，他脑子里也常常出现“一山”二字以及对这位曾祖的好奇。但也都是脑子里的一闪念，很快过去了。他也想和父亲聊聊，但是父亲因为患心脑血管疾病多年，耳背，讲话、行动困难，他也没有再打听。直到最近有一天，他上网查到李一山；再查，山东济宁人，名李汝谦；再查，信息越来越具体，越来越丰富。

5. 找到百年前的外曾祖

那几天，李辉处于发现新大陆一般的亢奋状态。

他不断有新发现，把凡是和李汝谦有关的信息，均原汁原味地发给我们。我们也根据他提供的线索，按图索骥，一有空，就在网上细细查找，一点点累加，不放过一点蛛丝马迹。

由于我们生活在北京，除了网络，我们还有全中国藏书最丰的国家图书馆。那一段时间，我们也是，一有时间，就查阅李汝谦的有关资料，一到周末、节假日，我们就驱车到北海边上的老北图和白石桥附近的新北图，城东城西，多次奔波，相关资料，能复印的，就复印。

随着资料的丰富，一个曾经是传说中的、语焉不详的外曾祖逐渐变得清晰起来，鲜活起来。

作为了解、走近外曾祖的第一手资料，我们收集到的越来越多。这些资料有：

一、2009 年中华书局出版的《亦佳庐小品》，徐一士著；徐禾选编，是近代史料笔记丛刊的系列之一。徐一士（1890—1971），是近现代人物，先后任职于《时报》《大公报》《晨报》，以撰写人物、书评、文学评论和文史小品蜚声文坛。徐禾大概是其后人，这本史料选集应该出自徐一士先生更早的《近代稗海》。至今，互联网上能够看到的关于直接描述李汝谦的文字，基本出自这本书，比如一个地方出版社出版的《民国野史》，一本《山东书画家汇传》，还有朋友推荐的一位山东泰安的高校学者发表的博客文章，所有写到的关于李汝谦的文字，或者更加简约，或者更为夸张，但我们经过查阅核对，其原始出处，均在徐一士先生的书中。作为有价值的史料，该文除了为我们提供了李汝谦的基本性格、阅历、成就之外，更重要的是他去世的时间为1930年（后来我们发现这个时间是错的，前后差了一年，不过，大抵靠谱），这也为我们后来推测他出生于1878年提供了重要的时间节点。

二、《黄易在济宁的儿女亲家究为何人?》这是一篇发表在《济宁日报》2013年10月18日文化周末版的一篇历史文化随笔文章，作者为王廉华、周传福。这篇文章对于我们查找李汝谦具有极高的史料价值，最重要的是为我们提供了查找资料的原始出处以及为我们打开了一个李汝谦的家族史，这是生活在当下的李氏后人完全不知的一个家族秘密。

我们真应该感激这个伟大的互联网时代，这是一个取之不竭的数据宝库。不是互联网，我们到哪里去看到一份不起眼的地方报刊呢？我们也不得不感叹，高手在民间。我们必须说，真的要感谢这两位不曾谋面，也不知是从事什么职业的两位文章的作者，这篇看似一篇轻松的历史文化随笔，作者其实具有相当专业的学术水准，文章就乾嘉时期的著名金石学家黄易究竟是和李作霖还是李铁桥是儿女亲家，以大量的史实，通过严谨的考证与论述，娓娓道来，当然，文章为我们提供了一份与李汝谦关系密切的重要资料：1.清光绪崇本堂刊本济宁《任城李氏家谱》，而且该《家谱》作为孤本现藏于南开大学图书馆也提到了。2.《续编四库全书》1466册中的《秋盦遗稿》，有李汝谦写的跋。跋里面提到李汝谦的家世以及与黄易家的姻亲关系等等。

三、《螺楼海外文字》，根据网上提到他的简短文字，我们获悉这个书名是他曾出版过的一本个人文集，我们怀着忐忑的心情，在国家图书馆的电脑图书检索中，居然找到了这本书，而且在老北图文津阁，在我们焦急的等待中，管理员居然很快给我们捧出了这本书。当我们在古色古香的阅览室的柔和灯光下，激动而又庄重地打开这本线装竖排版，书的扉页，居然有李汝谦留学日本戴着礼帽打了黑色蝴蝶结的毕业照照片，照片中的人物脸庞清癯，英俊端庄眼神有一种淡淡的忧郁，我们内心发出一声惊叹，李家后人多像他啊，不，李家人，尤其是李辉的爷爷李亚如、父亲李宗济、李辉本人，还有正在国外读大学的李辉的儿子李沅久皓，多像啊。把他们四代人年轻时期的照片摆放在一起，随便看一眼，都知道这肯定是一家子，身材高挑，脸庞瘦长，那自信灵动略带忧郁的眼神，基因、遗传密码，这是多具说服力的证据。

在外曾祖照片的下一页，还有一张照片，是一个女人的全身照，打扮时尚，站着，长长的斜襟棉袍，头发高高盘起，在一个女人不宜出头露面的年代，这个女人是谁？为什么把她放在这样一个重要的出版物上面？感谢北图的这些优秀管理员，他们在了解了我们的需求后，让我们写出申请报告，在经过审批、交费之后，很快按照合同为我们复制了该书的电子版。这为我们在经过百年之后走进外曾祖的留日生活、精神世界，打开了一扇窗。

四、我们在国家图书馆全套复印下来的资料有：《说文古籀补补》《续修四库全书》1466 册中的《秋盦遗稿》，这两本书中，有李汝谦撰写的跋与序；还有民国十二年李汝谦编辑的河南省《新郑出土古器图志全编》；此外，陆续找到并购买与李汝谦相关的人物传记《鲁灵之光——丁佛言传略》，学术专著《武梁祠：中国古代画像艺术的思想性》。前者记述的人物丁佛言先生与李汝谦同为留日山东籍金石学家，丁先生是山东黄县望族，而李汝谦又在黄县任过一年左右县令，俩人长期交往密切，晚年又均居住北平；后者则让我们认识到武梁祠画像在国际上所具有的艺术价值与学术地位，我们后面也会提到李汝谦对保护《唐拓武梁祠画像》的贡献。

五、我们在各大拍卖网以及相关书画网上，不仅搜索到他的书画作品、收藏过的作品以及他篆刻的各样图章，而且，我们居然还看到了几年前拍卖行曾经拍卖过他亲笔写的家书，我们甚至遗憾与这么亲近的家书失之交臂。我们还看到竟然有人在网上销售他墓碑碑文的拓片，当年的碑额、碑文均出自名家之手，尽管我们多次和网上销售者留下的电话联系，但电话始终处于未开机状态，然而，我们相信，这个墓碑也许早在上世纪 50 年代政府平坟的时候已经不知踪影，但碑文作为值得珍藏的书法艺术品，恐怕依然留在有心人的手里。

六、《任城李氏家谱》，这是一本关于李氏家族 600 年发展脉络清晰的历史。关于家谱的寻找，充满曲折，但收获良多，这里不再赘述，我们将在本书的后面章节，详细记录。这本家谱，对我们而言，简直太重要了。它几乎是我们必须写下这本书的强烈动因。我相信，寻找家谱，不再是我们一个家庭的私人话题，它几乎是我们这一代中国人的公共使命。这是一次寻根之旅，也是一次心灵净化之旅。好在，我们发现，当下正有一些人，在持之以恒地、义无反顾地做这件事情，而做这件事情本身，又让不少人的人生态度发生改变。

总之，在收集了我们始料未及的关于外曾祖的丰富资料后，我们确信，在每天静静地阅读中，我们开始一点点接进他。

我们在走进过去，而外曾祖在进入现在。

我们相信，在我们的每一个敲下的文字之间，均充满了生命的灵动。

这是一次隔空对话。

这是一次心领神会的窃窃私语。

我们突然对“复活”这个充满宗教气息的字眼有了新的发现：是的，在我们的不断的阅读与发现中，外曾祖在复活。

有时候，他出现在我们的梦里；有时候，他成为我们聊天的主要话题。渐渐地，你发现，他好像从来不曾离去。

那么，为什么在很长的时间里，岳母提供的外曾祖的名字是“李逸仙”、“李玉仙”呢？我们猜想，这恐怕与记忆中的山东方言有关。外曾祖李汝谦的名字，用山东济宁话发出来，是不是接近“李玉仙”的发音呢。虽然没有见过李汝谦，但是三位奶奶也是从山东过来的，也许是她们的济宁口音给童年的岳母留下的难忘印象，以至于误以为就是这几个字？

不管怎么说，我们总算找回了外曾祖李汝谦。

这是一个开始。

这一点无比重要。

6. 最后的秀才

李汝谦从五六岁开始接受私塾教育，天赋颖异。李家从第三世以来，到李汝谦已经是第十七代，这个家族在“万般皆下品、唯有读书高”的科举考试中，涌现出了多位进士、举人、太学生、贡生、廪生、庠生，总之，在严苛的科举考试中，李家的男人们是出类拔萃的，自隋唐实行科举考试以来，中国的普通百姓，要想改变命运，出人头地，进入人生的上升通道，科举考试几乎可以说是唯一的、也是公平的机会。

古人告诫一代又一代的男孩子们说，你们要好好读书：书中自有黄金屋、书中自有颜如玉。这是不错的。今天人们虽然对科举考试充满了诟病，但是，放在当时的历史环境下，科举考试还是国家向天下选拔人才最公平的途径。连当年最发达的国家英国在用坚船利炮打开中国的大门之后，也惊叹中国的科举考试是国家选拔人才的一项重大发明。

如果国家没有发生重大转折，李汝谦也会像他的先辈那样，经过寒窗苦读，然后获取功名，进入仕途。

他的祖先，从明朝开始步入这个轨道，到了乾隆、嘉庆、道光年间，家族处于鼎盛时期。凡是李家男孩，必须读书，即便个别家庭有困难，整个家族都要提供无偿帮助，这在李家家规里有明文规定。

一个男孩能不能取得功名，能取得多大功名，这要看个人的天赋、勤奋与造化。但是，李家的男孩必须读书，必须从小接受最好的教育，这是李氏家族的规矩。

在读书的问题上，李家族谱里面有许多令人惊叹的事例。比如，李汝谦的第十三代世祖李大峻在 31 岁年龄病危的时候，他给妻子黄润留下的遗嘱是，请来江阴县最著名的大儒来家里做私塾，以此来完成对六位年幼儿子的教育，这六位儿子果然个个优秀；再比如，打开李家家谱，从十世祖李昌祖始，他的五个儿子，这个“时”字辈的五房五支，你会惊奇地发现，怎么突然爆发式地出现如此多的人才啊，其实，仔细观察，这也是不奇怪的，因为他们对教育格外重视。

李汝谦出生的时候，是清政府日薄西山、气息奄奄的末期。

我们时常感叹命运。命运是什么呢？命运实际上包含了命和运。

命可以看作是一个人的天然禀赋，也可以解释为遗传基因。就好比，桃树和李树不同。桃树的种子，长出来的是桃树，李树的种子长出来的是李树。同样，即便是桃树，桃树和桃树还分不同品种呢，即便同一品种，也还有区别，甚至很大的区别。

运，应该是指外部环境，桃树、李树即便种子完全相同，但在不同的地域，由于土壤、水分、阳光等的差异，其结出来的果子也大相径庭。古人说，时势造英雄，很好诠释了命运的内涵。英雄首先要有英雄的内在特质，在特定的时代背景环境下，英雄脱颖而出。英雄永远是少数人。并不是生活在造英雄的时势里，谁都能够成为英雄。

李汝谦是清末廪生，也就是秀才。廪生就是在府一级考试中成绩特别优异者，他们离考取举人——乡试（省级考试）一步之遥。

1905 年，中国发生了一个对于读书人而言的重大事件，也就是推行了一千多年的科举考试宣布取消。

这对于已经取得廪生资格的李汝谦这一代人而言，就好比今天在一所重点中学重点班级读书的优等生，很快就要迎来高考，并且雄心勃勃准备进入心仪已久的名校读书，一夜之间，宣布取消高考。这让许多人的命运都会发生改变。这是有命无运。

当然，这也未必是坏事。

运行了两千多年的封建专制社会气数已尽，在西方社会正在进入工业革命，并且以工业成果正在对世界进行重新瓜分的时候，中国社会还沉浸在一个灰暗的铁屋子里昏睡，中国是时候到了打开窗户呼吸一下外面的新鲜空气了。

取消科举考试，中国的读书人实际上也同时迎来了改变命运的重大机遇。

是梦碎的时刻，也是梦醒的时刻。

7. 刻在太白楼上的青春记忆

被打醒的清政府开始向欧美日列强派遣官费留学生。

1907 年，李汝谦作为官费生被山东省派往日本留学。当时，选派留学生的标准恐怕就是考试。李汝谦当年已经 26 岁，在这个年龄为什么还能被选中？我们不解，后来看到王文墀在其墓志铭上写的一笔，我们才恍然大悟，王文墀写道："鲁抚杨文敬，奇其才，资送日本留学，肄习法政。"说来说去，还是他个人的特殊才华，让山东"省长"杨文敬看上了，以公费选派他到日本学习法政。

那个年代，派往国外留学的官费生很少，李汝谦无疑是幸运的。

这在当时的内陆城市济宁府是比较重大的事件。行前，济宁知府王鹿泉在当地著名的酒楼太白楼为其饯行。这一细节也足以说明留日这件事在当时是一个重要事件。这相当于当地的最高父母官亲自为一位为当地争光的年轻后生设宴送行。可以想象一下，今天，在一个地级市，一个年轻人为家乡做出了什么样的光彩事，才能够惊动当地的市长为其设宴庆功呢？

一个 20 多岁的年轻人，在知府大人面前也真是表现不俗，在佳肴珍馐、觥筹交错之间，李汝谦不愧是出生于世代官宦、书香门第之家，一个初出茅庐的年轻人和当地最高长官之间似乎看不到一个年轻人的胆怯、羞涩，李汝谦落落大方，甚至表现出了某种恃才傲物但又分寸拿捏有度的世家教养。

这天晚上，这位年轻人一定和一位父母官长者喝得实在高兴，也许是借了酒力，李汝谦当席脱口而出一副楹联：

宴客亦寻常，贺监何人，应让风流归太守；

能诗最奇特，青莲如我，不须星宿托长庚。

这副对联，至今读来，仍然能够感受到一种挡不住的青春朝气，掩不住的横溢才气。

看得出来，这一天，李汝谦心情大好。

王鹿泉太守一定也是无限欢喜。

这副对联至今仍镌刻在济宁太白楼上，书写者居然是清末名士张謇。究竟是怎样的一件故事造成了张謇欣然书写的，如今虽然不甚明白，但应该也是很有趣的，如今已经成了济宁一景，成了一个历史文化的记忆。

中国古代之科举考试，虽然到了后来，暴露出弊端种种，但是也不能不承认，科举苦读，也造就了一大批官场上的文化人。几乎可以说，中了科举的大小官员，基本上都是在诗文、书法等方面的行家里手。

王鹿泉当然也是行家里手，他不仅欣赏这位年轻人的才华，而且后来，他们作为忘年交，保持了长期的友谊。

酒肉的朋友是短暂的，只有惺惺相惜、相互欣赏，站在同样的精神高度上，才可能保持永久的友谊。

1907 年，李汝谦迎来了自己命运的重大转折：东渡日本。

8. 在日本留学的日子里

李汝谦留日时间为1907年到1911年，在东京法政大学堂共学习四年。

“法政”一词是日语的表述。按照汉语的习惯，这个专业对应的应是政法。今天中国很多现代词语，考证起来，基本是在这一时期自日语引入，比如像干部、财政、政党等这些词汇。语言的影响力体现不同文明之间的先进与落后。日本文明曾经受到唐朝的主要影响，以至于日语中一直保留了大量的汉字。那时候中华文明要远远比东瀛岛国先进，这种先进一直持续了上千年。

近代以后，中国落后了。中国现代语言中有许多新词汇来源于日本等发达国家。现代中国，如果我们抛开许多习以为常的外来语，我们恐怕已经无法表达与交流。

法政大学也是后来与李汝谦相交甚好的朋友丁佛言在读的学校。丁佛言在日本学习两年，是黄县人，俩人同好金石、书画，这恐怕是他们晚年来往密切、有许多共同语言、结下友谊的主要原因。

中国派往欧美日的留学生，所学专业五花八门，但主要侧重于理工等自然学科。英国工业革命之后，中国发现在科学等领域，大大落后于诸列强。学习自然科学成为首选，虽然，后来人们发现，中国清朝政府之根本落后，事实上并不是科学技术落后这些表面现象，主要还是专制政体乃至封建文化的弊端太深，比如，在日本学习医学的鲁迅后来就弃医从文，其主要原因就是，他发现，改造国民性、唤醒民众比所有一切更为迫切。

但在当时，一是人们对这个问题还没有完全认识，其次是中国人向来在国家政体这样的大问题上有所忌讳。从好的角度去理解，人们对政体这样的问题还没有充分的认识；从另一方面讲，更多中国人还是选择明哲保身，以为学一点实用专业可以糊口。而学习法政这样的专业，不仅不实用，而且比较危险。中国民间始终有一种观点，与政治、政体、文化等沾边的专业，是危险的，弄不好，会掉脑袋。事实上，残酷的专制政体也的确如此，因为说了当权者不爱听的话，古往今来，中国读书人为此被关起来、判刑、受侮辱、掉脑袋的有多少？真是数不胜数。

李汝谦为什么选择法政专业？

其一，与其家族熏陶、从小接受儒家教育的士大夫情怀有关。李汝谦祖上，世代做官，康熙、雍正、乾隆、道光时期，李家几代人通过科举考试，在朝廷与地方做官的人数众多，“学而优则仕”、“达则兼善天下”、“先天下之忧而忧，后天下之乐而乐”，这几乎是这样家庭出身的读书人的人生理想，科举取缔，而到日本学习法政专业，这为他在完成学业后回国从政、实现抱负提供了新的机遇。

其二，从现实考虑，李汝谦到日本留学已经到了将近30岁的年龄，从学习新知识的年龄看，已经错过最佳时期，况且，中国此前的私塾教育，乃至最高学府国子监，从来都是重文轻理，甚至很多学问很大的人，在自然科学方面，几乎是“文盲”，学习科学所需要的数学等基础课程，从未涉及，重新学习，已经来不及，因此，到了这个年龄，学习法政专业，还要通过日语关，已实属不易。

在日本研习法政，确实令他眼界大开，为日后回国实现抱负注入了新思想。在山东济宁研究这段当地历史名人的研究文章中，有一位孙嗣东先生，在其手稿中，对李汝谦有一段评述，他写道：“李汝谦在清末民初成功的政治生涯很值得玩味，学成归国后入仕，颇有一番吐故纳新的作为，不断得到升迁，1912年担任了民国肇始的首任泰安知府。在兵荒马乱的北洋军阀时期，与清高的旧士绅不同，他不断地寻找公共职务，在20年代中期担任过黄县知事，也在北京的中央政府供过职。”

孙嗣东先生描述的是李汝谦回国后的从政经历，这段经历确实能够看出留学日本对他从政带来新风气的影响。

9. 苦闷的象征：《螺楼海外文字》

在日本，对他究竟有什么影响，目前能够看到的文献十分有限，而他本人1916年出版的《螺楼海外文字》，流露出不少他在日本留学时的所思所想，虽然没有直接的表述，但作为文学作品，还能够显出端倪。这也是我们后人观察、研究、解读他的重要依据。

李汝谦是矛盾的。一方面，他深受儒家文化的熏染与影响，这种影响几乎可以说是到了刻骨铭心的地步。比如他的价值观，他的思维方式，他的写作表达习惯，都是士大夫式的。但另一方面，他又对中国文化感到深深的忧虑与绝望。他的这种矛盾心理，一方面表现为自己作为中国文人的孤傲自负，另一方面，又觉察到文人的无用，不希望自己是一位文人，更不希望自己的后人成为文人，比如在他写给族兄云林儿子到东京留学的一首劝勉的七言诗中，写道："无用别名乃文士，况当欧化正酣时。吾家不比司空氏，哪有麒麟阁赏诗。"此种认识他在《螺楼海外文字》里多次提及。

一位才华出众的文人，却对自己家族的后人说"无用别名乃文士"，可见其内心之痛。类似的表述还有，比如在对儿子的期许中写道："掀翻国俗遗家世，独向苍茫铸此身。大污还须江水洗，乃翁接习是文人。"

中国文人历来是自傲的，清高的。站在全世界的角度而言，文人是一个值得自豪的身份，如果说文人的广义内涵是指知识分子的话，那么，事实上，东西方文明的传统都是很以文化人为骄傲的，比如中国古代把这些文人称作士阶层，他们通常扮演了谋士、策士、智囊的重要角色，这样的角色也唤起他们以天下为己任的雄心壮志与无以言说的优越感。

西方社会认为真正的文人应该是人类文明的推动者，芸芸众生之中的清醒者、自觉者，西方社会对知识分子的定义是：社会的良心。不可否认，至今在西方的大学、研究机构、智库、媒体仍然活跃着一大批自由的人类文明社会的建构者与批判者。从这个意义上说，知识分子的价值仍然在发挥着积极作用。

李汝谦作为一名才学出众的文人，他为什么对自己的这种身份如此不屑呢？这和当时的中国大环境有关。清朝末年，沿袭两千年之久的中华文明由于自身的封闭与僵化，已经在国门洞开的西方文明，尤其是工业革命所引发的西方军事强国面前，变得不堪一击，即便是岛国日本也已经在明治维新之后后来居上，而中华文明长期拥有的优越感似乎在一夜之间消逝了。

留学日本，作为中国人恐怕处处都能感受到国家贫弱所带来的羞辱与伤害，与李汝谦同一时期的留学生中，如鲁迅、郁达夫等，都有这种伤痛的记录。鲁迅的弃医从文就是因为看了日本兵杀中国人，而周边中国人看热闹所引发的刺激，郁达夫在他的著名代表作《沉沦》中，更是将中国留学生在日本期间的内心苦闷与压抑写到了极致。在国家随时可能灭亡的国际大环境之下，李汝谦自感文人无用，可以想见，内心是多么的悲凉。

以李汝谦豪迈、争强好胜的性格，他内心渴望武力，渴望健朗之国民、强悍之民风。在闻讯朝鲜义士安重根刺杀日本首相伊藤博文于哈尔滨之后，他写道：“天将史例翻新样，遂使英雄合传成。宰相白头尤远略，男儿赤手遽长征。身虽竟死应余烈，国纵终亡亦有荣。惟我邻人须愧煞，各行其是两成名。”这首诗中，作者没有站在哪一方的立场，而是站在赞美英雄的角度，对两个人均作了肯定。也许，他希望中国也应该有伊藤博文这样的政治领袖，同时，也希望中国之国民中能涌现出像安重根这样的血性男儿。

此前，他还为此写过一首诗，那是事件刚发生时。当时媒体报道说，刺杀者可能是中国学生，他也是为中国能够有这样的好汉而欢呼。

在国家衰弱的时候，人们普遍渴望英雄的出现。

如果说，在国内他对西方列强的认知可能还是抽象的，到了日本，他则亲眼目睹了当地的尚武精神。他对这种精神的欣赏几乎来自男人的本能。在他看到美国海军造访日本，而日本军人在港口列队相迎时，由衷地赞叹道：“望见军容行且止，彩旗风里舞婆娑。使我旁观生目骇，无言半晌成愚呆。”

健朗的国民精神，尚武文化，是渗透于国民日常生活当中的，一旦战时，这种精神就会很快转化为国家的战斗力。想想吧，当他在日本街头看到十三四岁的女孩子，披头散发，像男孩子一样在踢球，而中国的女子还在缠足，还在争做贞女烈女，还在大门不出、二门不迈，围着锅台转，刚到了十五六岁就嫁人开始生儿育女，作为一位留学生，又是一位文化观察者，李汝谦的内心一定发生很多的感慨。

因此，他特别把希望寄托在下一代，尤其是下一代男儿身上。他希望中的男儿是血性的、豪迈的、刚猛的，而不是那种一心只读圣贤书的无用书生。

在日本期间，他与随侍在侧的妻子傅云曾生过一个儿子，在对儿子的教育上，他写道："中年哀乐不禁感，客里添丁兴欲飞。母教偏能谙世局，商量为置海军衣。"

此后在获悉两位文友均添子的消息后，他写道："男子既多福亦大，推之一国亦如斯。文化逾深民族哀，欲图强种须变计，当奉吾人以为师长。"

他对下一代男儿是报了多大的期望啊。总之，在日本的所见所闻，让他看到了深植于中国文化中的落后与悲哀，为此，他性格中的狷狂表现为愤世嫉俗，他甚至对中国人津津乐道了几千年的孟母三迁的故事进行了重新反思与解读，嘲讽这位母亲数次搬家，让儿子当什么圣贤，不过是一次次的错误选择。"国势如斯岂偶然，华拿战纪读宜先。断机老妪原乡曲，误却佳儿作圣贤。"

走出国门，人们自然就会拿本国与所在国进行比较，不过敢于对圣贤提出挑战，这在当时还真有点儿大逆不道。

10. 泰山太守：民国首任泰安“父母官”

1911 年，中国发生了一件改朝换代的大事——辛亥革命。

这一年，李汝谦回国。

站在中国大历史的角度来看，这一年，既结束了 2000 多年的封建帝制，同时，也让中国进入更加动荡，陷入更加深重的苦难时期：军阀混战，外敌入侵，抗日战争，国共内战。总之，从 1911 年开始到 1949 年，这 38 的时间，中国的历史主要就是战争、战争、战争，动荡、动荡、动荡。这块多灾多难的土地因为争斗，一刻也没有消停过，但是站在历史进步的角度来思考，结束帝制与后面引发的动荡相比，后者仍然是历史的进步，因此，1911 年以后，中国发生的内部纷争大动荡，这也是成长的烦恼，文明进步的代价。当然，没有动荡最好，但是，改朝换代，怎么可能没有动荡呢？我们今天，在回顾历史，翻阅历史档案的时候，这样说，当然有点儿局外人“古今多少事，都付笑谈中”的超脱。然而，对于活在当下的那一代甚至几代人而言，那是一生的不走运，对于普通百姓更是一代又一代人的苦难。有什么办法呢，这就是历史，你这一代人赶上了，这是别无选择。

李汝谦以及那一代中国人，正是生在了最不走运的年代。但走运与不走运也要看个人的理解，李汝谦在《挽张之洞》诗中有一段是这样写的：“天将时局故翻新，万种艰危试一身。有福方能生乱世，无疵转不算完人。”这句“有福方能生乱世”曾被学人引以为佳句，我们不清楚李汝谦这个用意是出于反其意而用之的冷幽默，还是真的这么以为，对于渴望做大事的人而言，生乱世也许就是一种福分，中国民间不是有“乱世出英雄”这样的说法吗？

辛亥革命对于李汝谦是不是一次有福的机会？

从李汝谦的出身看，他应该属于“体制内”的人。他的家族整个都是封建清王朝的受益者，他的出国留学，也是山东巡抚杨文敬因为“奇其才”用公费选派去的日本。按说，他应该感恩这个制度。然而，1840年鸦片战争以来，中国社会所受到的屈辱以及在日本四年所看到的新气象，让他对结束封建帝制，迎来一个崭新的中国，充满了期待与渴望。更何况，具有浪漫诗人气质与书生性格的他，从日本学成归国之后，他也希望有机会展示一把治国平天下的才华。

辛亥成功，毕业回国，一个“有福方能生乱世”的伟大历史机遇来了。

机遇似乎也正在垂青这个已经不太年轻的年轻人。

这一年，李汝谦33岁。

不妨可以说，辛亥革命对李汝谦的确是一个机会。因为，参与辛亥革命的主要班底，以及后来在北洋政府组阁的相当多成员，大多具有留日或者与日本相熟的背景。以他的为人、能力、志向，加上留日同学关系，找到一个职位应该不难。

1912年，李汝谦担任辛亥革命以后泰安府的首位知府。

《泰安志》记载：“1912年，1月1日中华民国宣告成立，定都南京，孙中山就任临时大总统。2月12日，清帝溥仪宣布退位。15日，袁世凯就任临时大总统。北洋政府统治时期开始。李汝谦被任命为民国首任泰安知府。”

11. 有福方能生乱世："岱宗殿守"

李汝谦在泰安知府的位置上，板凳还没有坐热，大约过了三个月，泰安知府裁撤，泰安改为县，李汝谦也因此由知府降为知县。这在今天看来是一件很不严肃的事，但发生在民国时期，却也正常。你看呢，刚刚任命为地市级领导干部，在封建社会，算四品官员，一夜之间，就降为县处级，也就是七品，这要是发生在今天，组织部门算是失职，是对干部任用的不负责任，但那时候好像一切都正常。

民国政府，说到底也就是一个只有治国理念，却又是生搬硬套过来的一个仿造西方政体的过渡政府。这是一个基本没有经验，毫无准备的临时政府，说白了，也就是一个草台班子，以至于到后来一直演变为靠强权，靠枪杆子说了算的不同利益集团轮换组阁的政府，正是鲁迅所说的：城头变幻大王旗。

民国先后更换总理41人，最短命的只有几天，有的拿到任命，还没有上任就宣布辞职或者被赶下台了。

政府没有执政经验，管理随意性大，因此整个民国看上去倒也是充满了草莽气息与一派天真。在这样的大环境下，知识文化界，倒也比较容易得到一种相对宽松的自由空气，民国时期，对于中国知识分子而言，可能是春秋战国、魏晋南北朝以来最为自由的一段时间，这倒不是统治者有意创造了自由的气氛，更多的可能是帮派势力权力角逐还没有功夫兼顾舆论自由，反而是因为权力竞争为了赢得舆论的支持而假装更喜欢民主自由。自由的空气向来是在各种力量角逐的时候，才可能留下的文化空间。一旦某个派别或者利益集团一家独大，自由的末日就到了。

我经常听到学界有人鼓吹民国的气象，仿佛那是一个理想的自由王国。民国更多的是国家治理在还未形成之前的一种率性。当然，从喜欢自由的纯粹读书人的角度看，也不妨看作一个自由自在的社会形态。但这肯定不是一种成熟社会管理下的自由。

作为比较率性的文人李汝谦，也是适应了这种随意性。

从知府到知县，连降几级，要是放到现在，那是要找到组织部门讨说法的。

李汝谦对上级政府的安排，到底怎么想，无处可查。不过，他刻有两枚闲章，倒也能看出他的性格。

他的反应是放松的，自嘲式的。

他的第一枚闲章是：泰山太守。

降为知县，刻了第二枚闲章：岱宗殿守。

这种做事的心态实在是好。你想呢，泰安是地级市还是县级市，都是那么大的地盘，在这块地盘上，无论太守还是县令，你都要把这块地盘管好。所以呢，你要是来做事的，你是不必计较到底是多大官；反过来说，你要是求官的、求待遇求名声求虚荣的，你肯定心里放不下这件事，一定变得郁郁寡欢。

李汝谦在泰安县令的位置上，自信满满。据说斗母宫有其甲寅七月撰书楹联云："桃花千树刘郎去，壁垒一新李令来。"

古人说，无欲则刚；古人还说，不以物喜，不以己悲。李汝谦在县令的位置上，既然对升降不在乎，对表达自己的心情也不用太在意别人怎么想，尤其不必太在意官场上那套虚情假意，因此，他对自己的能干、政绩也毫不掩饰，甚至不在意前任怎么想。

我反复吟咏这句诗，起初觉得这不是在贬低前任，抬高自己吗？但仔细想来，又实无恶意，语言、意象上的唯美，已经超乎实际内容，"桃花千树刘郎去，壁垒一新李令来。"真是一句表达真性情的好诗。

说到底，李汝谦骨子里还是一个接受了一定新思想的老派文人。他骨子里还是对诗词书画、金石考古一往情深。在泰安县令位置上，他接待过大名鼎鼎的康有为的来访。据记载，"康有为到济宁访碑，一山为其先导"。在济宁老家，他藏汉碑甚富。科举时代的中国文化人，在鉴赏中国古代优秀典籍方面，大小官员，应该都是经过在经典中反复浸泡过的，几乎都不是外行，其中还有相当一批佼佼者。

民初有一位叫马甲鼎的，在其《泰山纪游》一文中，言访一山于泰安官署，记其人慷慨好士，可窥昔“岱宗殿守”之风采。

12. 重返仕途：黄县县令

1927 年，李汝谦担任黄县县令。

这是在时隔 14 年后重入仕途。

民国时期做官，比较率性、自由。不像现在，几乎是职业做官，想得到不断提拔、晋升，你得一直在官场上混，一级一级提拔，并且还有时限，不是说，一夜之间，没有任何从政经验，就可以提拔到县长位置的，需要在基层锻炼，慢慢熬。这是中国当下我们对官场的理解。而且一旦进入这个渠道，工资、待遇、社保、医疗都和这个体制内的各种待遇相挂钩，想自由离开这个体制，并不是一件容易的事。

民国时期，做官很随意。你看，15 年前，李汝谦留学回国，先担任的是知府，后来又莫名其妙地降为知县，然后离开，14 年之后，又当县令。这是挺自由，蛮好玩的。就像现在的打工，当官也是打工，找到一个职位，高兴了，干；不高兴了，走人。这倒有点像美国政府。你看，美国新当选总统特朗普，本来就是一个做生意的，就像当年里根总统是当演员的一样，此前，毫无从政经验，但是，他经过竞选，他们都可以当总统。做房地产生意的特朗普当了总统也就罢了，他任命的重要阁僚，像国务卿、商务部长，其他各重要部门的部长，也都没有从政的经验，但是，他就这么干了。这一届当大官，下一届，换总统了，或者自己不高兴了，随时可以走人，继续经商，或者该干嘛干嘛。民国政府的体制是模仿西方的，与此是类似的。

李汝谦在黄县履职同样很短，一年。

一年都干了什么呢？他的同乡、好友、《西北日报》的总编辑王文墀如此评价："充黄县知事，抑豪猾，全善类，省徭役，苏民力，尤拳拳不忘者，以倡导文化为先务，嗣以政见不克畅行，遂拂袖去。"

这个评价如果去掉好友之间的溢美之词，大抵也是符合事实的。李汝谦为人豪爽，富有正义感、同情心，身上具有很多文人气质，那时候的县官要说事不多，也不多；要说多，也很多。民国县令，基本延续了封建王朝的管理制度，县令作为父母官，什么都要管，但作为一种治理理念，为民主持公道，减轻百姓负担，让百姓在自己的治下，安居乐业，这就是一个好官了。

王文墀在文中特别提到"尤拳拳不忘者，以倡导文化为先务"，这大概既符合李汝谦的个人风格，也是他在黄县留下政绩的一大亮点。

怎么以倡导文化为先务呢？现在留下来的资料实在太少，从有限史料的蛛丝马迹看，其一，作为古迹研究、金石书画爱好者，他曾经为在当地课仕馆学习书法的学生亲自授课，讲习书法，学生中包括后来著名的篆书、隶书名家山之南；其二，他与丁佛言之间有密切来往。李汝谦与丁佛言之间的交往，堪称金石书法领域中的一段佳话。可惜发生在那样一个动荡的年代，许多趣事只能凭想象，而没有具体的记录。

李汝谦与丁佛言有太多相似的地方。他们均出生在 1878 年，同去世于 1931 年。家族都是当地名门，世代书香门第，个人从小禀赋颖异，聪明过人，接受了良好的私塾教育，传统文化根基深厚，都是能诗能文；更为奇特的是，他们都是山东官费生留学日本，先后在同一所日本法政大学学习，均追随辛亥革命，主张宪政共和，在北平政府部门从政；更为一致的是，他们在金石、文字、书画、古籍、收藏等方面爱好惊人的一致，到了民国中期，他们均由对政治的失望转向书画研究领域，并以此为生。他们命运的大致相似的例子，还可以举出很多，这真是命运的安排吗？如果是命运的安排，那么，他们的幸运应该是，他们有机会相识，并一直保持了这种精神上的惺惺相惜。人们常说，人生有一两个知己足矣。这既是说明知己难寻，同时也在告知我们，知己无须强求，找到一生的好友也许需要一点运气。

13. 文化上的知己：丁佛言

李汝谦与丁佛言，都是山东老乡，一个在济宁，一个在黄县，但在当时的交通条件下，还是相隔很远的。而且虽然都是山东，历史上一个属于鲁国，一个则是齐国。但几乎可以说，从文化上看，齐与鲁，还有许多差异性，比如语言，就属于两个语系。

李汝谦与丁佛言是从什么时候相识的？

在日本留学期间，因为时间不同，他们应该不认识，当然也不排除回国以后在济南组织所谓的留日同学会上相识，这样的话，他们最早相识也就是1911年以后，因为李汝谦在这一年回国。从已有的文字记载看，李汝谦是在丁佛言先生父亲的葬礼上与之相识的。但这恐怕还是有疑问。其一，丁佛言父亲丁瀚章（1853—1917）去世时间为1917年，李汝谦是1927年才出任黄县县令，如果与丁佛言不相识，甚至不是很熟悉，李汝谦都不可能去参加其父亲的葬礼。而千里迢迢参加这样的葬礼，只能有两个理由，要么你是当地的政府官员，代表政府出席当地名流的葬礼，要么你是亲戚、朋友。因此，本人初步断定，史料上记载李汝谦认识丁佛言是在其父亲葬礼一说，恐怕站不住脚。更大的可能是，1911年以后，他们已经相识，并且成为相当不错的朋友，李汝谦是以丁佛言朋友的身份，从济南或者北京专程赶往黄县参加了丁佛言父亲的葬礼。只是，经此之后，二人可能走得更近。后来，又经过10年，也就是1927年，李汝谦为什么担任黄县县令？如果联系到这个时间点，丁佛言大多数时间在自己的家乡将主要精力用于金石学研究，那么，更大的可能是，以他们留日背景以及在济南与北洋政府的广泛人脉，李汝谦到黄县任职是经过二人提前商量过的，这样，一是部分实现了李汝谦的仕途梦，二是可以有更多时间一道切磋学问。而在丁佛言看来，无论于公于私，能让李汝谦在自己的家乡担任县令，对于文化大县黄县而言，都是一件大好事。

因此，1927 年，李汝谦在黄县当县令，肯定不是巧合。

一年以后，他们二人，均受到山东军阀张宗昌的裹挟，由黄县回到北平。此后，隐居北平，他们各自以文字书画为生。在最后的岁月，丁佛言完成了他的学术著作《说文古籀补补》，而此时，李汝谦带病为丁佛言写下该书的序言。

1931 年春天，丁佛言病逝。就像是两位好友商量好了，紧接着，1931 年夏天，李汝谦撒手人寰。这一年，是中国金石学界的一大损失。

14. 拂袖而去

李汝谦在黄县期间，时间虽短，有另外两位山东籍人物不能不提及。一位是张宗昌；另一位是潘复。

先说张宗昌。张宗昌是唯有乱世才可能出现的传奇人物。作为军阀，任山东督办兼直鲁联军副总司令，治理山东期间，闹过不少笑话。比如说民间传说他是“三不知将军”：不知道自己有多少部队，不知道自己有多少钱，不知道自己有多少老婆。民间传说最多的还是他没有多少文化，但偏偏爱写诗，如一首叫《大明湖》的诗：

大明湖、明湖大，
大明湖里有荷花。
荷花上面有蛤蟆，
一戳一蹦跶。

还有一首叫《咏闪电》的诗：

忽见天上火镰，
疑是玉皇要抽烟。
如果玉皇不抽烟，
为何又是一火镰？

张宗昌是个喜怒无常的人。和喜怒无常的上级打交道，这本来已是人生之苦了，而和几乎无知又自我感觉良好的喜怒无常的上级打交道，这肯定是人生之大苦。

秀才遇到兵，有理讲不清。李汝谦、丁佛言是有着理想主义情怀的文人，他们与张宗昌这样的上级相处，结局可想而知。与这样的坏上级相处，古人告诫我们最好的办法，就是敬而远之。

有关李汝谦离开黄县的文字记载，目前看到的有两个版本。

一个是新闻人王文墀的悼念文章中，在写到他离开黄县时，只有短短12个字："嗣以政见不克畅行，遂拂袖去。"这12个字，叙事极简，然而，也十分传神、有力；也颇见民国读书人的风采，尤其是"遂拂袖去"，仅四字，精彩绝伦，潇洒无比。想想看，一位县太爷，也就是县长大人，因为与上面意见不同，而且自己的理想不能实现，政令不能畅通，那么，好吧，老子不干了，拂袖而去。民国干部管理也是多么的简单，不用写辞职报告，不用办理调动手续，不用有其他社保、医疗、工资待遇、档案存留，等等，不高兴了，不痛快了，走人——拂袖而去，多来劲呀。

还有一个更富有传奇色彩的民间的版本。由于这个版本具有笔记传奇小说的味道，倒也风趣好玩。这个版本来自民国时期的一位报人兼文史学家徐一士先生（1890—1971）。徐一士写有《亦佳庐小品》，文中记载了大量民国时期一些名人的逸闻趣事，颇有《世说新语》的遗风，但因为是侧重于花边新闻、逸闻趣事，这本书通篇写到的人物，好看倒是好看，但是恐怕有以偏概全、强调一点而忽略其他的缺点，在徐一士先生的这部书里，其中写到李汝谦，在这篇《李汝谦》的1000多字的叙述中，开头便对李汝谦这样评价道：

济宁李汝谦，号一山。喜诙谐，玩世不恭，而优于文学，甚有藻思，与谐谑之性相济，遂为滑稽之雄。

这个评价对不对？中国的老式文人，写人物轶事一类文章，往往喜欢抓住人物的某一个特点，从文学描写的角度看，这种漫画式的笔法，倒是给人留下深刻印象，但是，强调了一点，或者夸大了某一点，就可能以偏概全，忽略了人物的丰富性。比如，以"滑稽之雄"做了总括，人们就很容易想象李汝谦是一个很搞笑的滑稽之人，以讹传讹，久而久之，李汝谦便成了民国时期的滑稽人物。事实上，这个"滑稽之雄"是徐一士先生心中想象出来的，为了让读者看了好玩好笑的人物，这个人物更像是一个凭空塑造出来的小说中的人物，只是安在了李汝谦的名下，而真实的李汝谦不是这样的。

作为一个丰富的人，也许他身上有幽默、滑稽的一面，但最多只是一个侧面，事实上，从当时人尤其是与他有深交的人的回忆看：他的性格是丰富多彩的，比如豪爽、沉郁、豁达、仗义、多情、善良、正派、耿直、狷狂，当然也有幽默、机智等等。正如我们身边的某一位熟人，倘若给你一个命题作文，用逸闻趣事的笔法写这个人，你的角度可能考虑的是逸闻趣事，因此，在这个点上看，倒也像是这个人物，但要是全面来看，恐怕就不是那么回事了。我们对李汝谦了解越多，我们对徐一士笔下的人物越不相信。但我们还是要感谢徐一士先生，至少，由于他生活的年代与李汝谦贴近，因此，至少为我们从另一角度提供了有价值的史料。在史料奇缺的情况之下，关于李汝谦的任何一点资料，哪怕是只言片语，我们都觉得弥足珍贵。

在写到李汝谦离开黄县一节，徐一士先生是这样描述的："张宗昌督鲁时，李为黄县知事，因事被名捕。其同乡潘复方为国务总理，乃弃官逃至北京以投之。以潘之授，得为法制局参事，清末尝留学东瀛习法政也。当其逃亡在途，冒姓为潘，携有预印之名片，姓名为潘德，字为馨庵，惟籍贯仍山东济宁。沿途自称为潘复之兄，出名刺示人。言及潘复，即曰舍弟云云。人以其既系济宁口音，名字又均与潘复排行，咸信其真是现任总揆之兄。故一路安然度过，且极受尊敬。其为人机变亦可见。"

这一段史料，过程记录如此之详，细节描述如此之真，徐一士先生怎么知道的？

徐一士先生的写法已经颇有野史的味道、小说的笔法。但他毕竟是从民国过来的人，其中大抵还能够看到李汝谦的影子，后来有个地方出版社，也出了一本书，干脆就叫作《民国野史》，看得出，关于李汝谦的描述材料均出自徐一士的原文，只不过后者进行再加工，也就变成了名副其实的野史了。只是野得有点离谱，属于以讹传讹式的夸大，价值不大，不值一提。

但，徐一士先生提到，他从黄县离职投靠潘复，应该是合情理的。

潘复也是济宁人，是李汝谦真正的山东老乡。

北洋政府时期，山东济宁出过两个大人物，都先后担任过北洋政府的总理，一个是靳云鹏，另一个是潘复。靳云鹏与潘复两家关系走得还很近。靳云鹏出身贫寒，其母曾当过潘复的奶娘。靳云鹏发达后，潘复视奶娘为生母，因为这一层关系，年龄稍长、仕途正走得顺风顺水的靳云鹏，对潘复有提携之恩，潘复也在北洋政府时期谋得财政部长的高位，在 1926 年又当上北洋政府的最后一任总理。潘复家族在济宁也是名门，从小受到过良好的私塾教育，他和李汝谦应该早就相识。即便彼此不太熟，以两家在当地的影响，以及李汝谦自身的成长背景、性格、才华，与潘复走近，是具有天然优势的。在比较重视熟人关系与老乡感情的中国官场，这种走近，成本是极低的。对于潘复，举荐李汝谦在政府部门谋到一份差事，几乎就是举手之劳。据史料记载，李汝谦担任过法制局的参事，这是一个虚职；此外，从黄县回到北平后，他还担任了国史馆的编修，这也算是一份闲差。当然，虽说是虚职闲差，也是需要相当专业水平的。

黄县去官，回到北平，从 1928 年算起，李汝谦已经到了知天命的年龄。

他从此过上半隐居的生活，以文字、书画为生。

这恰恰是最适合他的一种书斋式的学者生活。他在金石上下功夫，在向自己的曾外祖父黄易的隶书临帖发奋跟进。

这个时期，他是安静的，也是幸福的。

不过，留给他的美好时光不多了。

15. 能诗最奇特：血脉里的诗文才华

纵观李汝谦的一生，如果说从事仕途并成就一番事业，是他这样一些儒家文化教育下成长起来的中国男人的人生理想的话，那么，由于生不逢时，或者说由于李汝谦的性格与这个乱世之不融洽，他的短暂的仕途生涯应该是充满遗憾与失落的，但是，正如任何事物都存在利弊得失一样，从另一方面看，仕途不顺，官场失意倒也让他在文化领域青史留名。我们甚至应该庆幸他好在没有在官场逗留太久，如今，那些同时代的大小官员，他们在哪里呢？谁又知道他们谁是谁啊？而至少，李汝谦在这一段时期，留下了自己的文化痕迹。某种程度上说，由于他的卓有成效的文化保护，至少经他保护过的两件国宝级的文物在故宫博物院完好无损。我们甚至想象着，如果不是过早去世，如果不是生活在一个动荡的乱世，以他的天赋与深厚国学功底，也许，他在诗文、书画、金石、考古、收藏、鉴赏等文化的多个领域，还可以取得更大的成就。

诗文有奇才。能诗能文，这几乎是中国古代男人要想走入仕途并得到同僚与上级认可的看家本领。能文是科举考试的必经之路，而写诗则被看作是一个人的才能与修养。在封建社会的文官制度中，通过科举考试进入仕途的大小官员，要说写文章，谈古论今，一般都有两把刷子，而且，常常是高手林立，在这样的圈子里，脱颖而出的，往往都是佼佼者。李汝谦的诗文才华，很早就冒了出来，并得到大家的公认。

当时的西北日报社总编辑王文墀在其撰写的李汝谦墓志铭中这样评价："君生负异禀，机警过常，儿胜衣就傅性，嗜读午夜，琅琅无倦色。七八岁能谐声，出口作韵语，少长出入经史，论古有特识，浸淫百籍，尤得力于诸子。其为文也，不拘于寻常蹊径，往往生面别开，多未经人道语。”

民国文化界泰斗级人物罗振玉在为黄易《秋盦遗稿》一书所作的序中写道：“济宁李君汝谦磊落负奇章，喜设雕横王霸之论，为文章，究心古作者，不苟随流俗。余来是邦，所见东人士多矣，顾心所奇赏者，无如李君。”出生于1866年的罗振玉先生，不仅年龄比李汝谦要大出一轮，而且其地位、影响在当时都是国师级人物，可谓阅人无数，如果晚辈不是有奇才，他大概不会如此评价。罗振玉和李汝谦应该是一直保持了个人之间的友谊，1931年，李汝谦去世后，其墓碑上方的额正是罗振玉所撰写。

《近代稗海》的作者徐一士在《李汝谦》一节中，虽然将李汝谦归于滑稽人物一类，但在一千多字的文字中，开篇不惜笔墨，重点介绍了李汝谦的文学成就：“优于文学，甚有藻思。”作者甚至以《挽张之洞》诗为代表作，进行了大量引用与分析，得出的结论是这首诗“沉执精湛，实为杰构，文学造诣，可见梗概”。至此，作者也不得不承认，“固非徒以诙谐见长者”。

李汝谦到日本留学，其原因之一也是山东巡抚杨文敬“奇其才”。对诗文的喜好，李汝谦是有深厚家学渊源的，与其说，这是伴随他一生的个人爱好，毋宁说读书、写作已经渗透在他的血液里，并构成他一生的生活习惯。他的诗文成就不仅比较系统地体现在他的《螺楼海外文字》文集中，而且也散见于他为当时几部重要著作撰写的序与跋之中。我们至今能够看到他写过的序、跋有：为在日本法政大学留学同学录撰写的序；为丁佛言重要的学术专著《说文古籀补补》写的序；为《新郑出土古器图志全编》所作的序；而收集在《续修四库全书》中的《秋盦遗稿》，因为黄易与他家族的特殊关系，他在这本书的跋中，深情地回顾了自己的家族历史，这篇高度凝练的文字不仅是一篇跋，更是一篇继承了古文优秀传统的优美散文。写诗、作文，在李汝谦的生活中占据了很重要的位置，几乎伴随了他的一生，高兴了写诗，郁闷了也写诗；写作成为他抒发情感、排泄孤愤的一种表达方式。即便在日本留学那样一段紧张的学习阶段，闲暇时间，他依然写作了大量作品。值得关注的是，他这个阶段的写作除了收集在《螺楼海外文字》一书之外，他还另外写过一些有趣的小说，据说收获稿酬不菲。王文墀在他的墓志铭中写道：“课余撰应时文词，及有趣味小说出稿，博巨赀，因得印行海外文字。”这段话里传递出的信息足够丰富——他不仅写趣味小说，而且稿酬不错，《螺楼海外文字》还是用写小说赚的钱，出版了这本书。过去印刷技术落后，出书成本很高，能出一本书，是一件很不容易的事，李汝谦用写小说赚的钱，出一本诗文集，这不仅展示了他写作上的多方面才华，也算是有经济头脑。

16. 书画闲章

在诗文之外，李汝谦于书画方面也颇有才干。他不仅自己写字、画画，而且收藏颇丰，并极具眼光。

据李汝谦的孙女回忆，小时候，净土寺的家里，每年秋天，她的奶奶都要在客厅里晾画。她从两张整牛皮制成的酱红色大皮箱里，取出存放了一年的字画，一幅一幅摊开，晾在客厅系好的许多根绳子上，晾好之后，再仔细卷好，放回。她说，她的奶奶是一位很能干的小脚老太太，打理这样一个大家，里里外外，忙前忙后，都是她在调度。每年晾画的时候，她记忆中看到过许多名家字画，也有李汝谦本人的字画。可惜，社会动荡、变迁，至今，在李汝谦的后人手里，竟然连一个纸片儿也没有留下。

我们对他的字画与收藏，最初知道的只是一个零，或者说，只是一个传说。

我们现在能够看到的，均是从网上查到的曾经在各大拍卖行拍卖过以及至今收藏在一些博物馆里的字画。他的字以隶书见长，他在隶书方面下了很大功夫。他曾经花重金购得《西岳华山庙碑》真拓，每天晚上下功夫临摹；他最爱黄易的隶书，立志收集黄易的隶书百本，甚至在自家的书斋门额上题写了“百黄斋”，以此表达对经典与先祖的敬意。

李汝谦的隶书也得到时人的认可与尊敬。我们至今在互联网上能够看到他的隶书作品有三件：

一是《爱日楼图》。这是 1918 年春，吴友石的母亲胡太淑人 80 寿辰，为了给母亲祝寿，吴友石分别邀请了几位书画界朋友，济济一堂，作画、题名、赋诗。那个年代，文人雅士，相聚一起，为朋友老母亲祝寿，这是令人高兴的一件雅事。他们恐怕没有考虑其商业价值，当然也不会预料到，又过多少年后，这些作品成为拍卖行价值不菲的拍品。2015 年秋季拍卖会，这幅作品的成交价格为 46 万元，也许，将来可能还会升值。因为这幅画，尺寸横 40cm、纵 219cm，集中了几方面的高手，画的作者为姜筠；引首题识，是 74 岁的大师级人物吴昌硕；卷尾题识为缪荃孙、樊增祥；李汝谦则是拿出了自己的看家本领，在此画的附卷恭恭敬敬题写了五言长诗共 200 字，是端庄秀丽的隶书。在诗的后面李汝谦写了这样一句题记："戊午春二月题奉，友石学长兄雅命即祈教正，济宁李汝谦学句，时寓京师。"

这首 200 字的五言古诗，多处用典，同样是汉字，相隔不到百年，今人读起来已有一定难度。文化的断层，真是恍若隔世。为了精准理解原文，我们曾经将原文分别发给几位书画界、诗词界、语言学界取得一定成就的朋友请教，大家对原文的解读各不相同。我不禁感叹，我们对文化的失忆，不仅是民间，即便是文化界、精英界，也同样面临断层问题。

当我们捧起不到百年的先人墨迹，我们面临的尴尬不仅是繁体字、历史典故的陌生，我们对他们通常可能是顺手拈来的遣词造句，会突然觉得陌生。而更年轻的一代以及下一代，他们阅读外文的熟练程度恐怕要远胜于百年前的汉语。

就李汝谦的隶书，我们曾咨询一位在隶书方面用功数十年并颇有成就的朋友，友人告诉我，李汝谦的隶书属于清末民初时期的文人字，功夫扎实，有迹可循，现代人很难写出那一代老先生字里面的那份宁静。朋友的评价或许是中肯的。朋友还很认真地照着这首 200 字五言诗，在宣纸上临摹了一幅，拍照，通过手机微信传给我。朋友的认真令我感动。

第二、第三幅字，是李汝谦的裔孙李辉从网上查到的。国外的网络好像比国内的查阅资料更为方便，李辉不断地给我们搜索到一些重要资料，那一段时间，李辉好像恨不得将全世界的每个角落都翻遍，只要和李汝谦有关的消息、资料，他都给我们发过来。但即便如此，目前能够看到李汝谦的另外的书法作品一副是浅红底的四扇屏，因为是写在屏风上的，故字迹密密麻麻，大概能看出隶书字体，具体字迹电脑截图模糊难辨。但我们相信，这幅字应该收藏在某处。还有一副隶书十一言联，收藏在青岛博物馆。有了这个线索，我们托了两位朋友，到青岛博物馆打听。一位力度不够，无果而终；另一位朋友，是当地人，是我们多年的朋友王积旭先生。

王积旭在当地政府部门工作，做事极其认真。经过他的努力，并代表我们与博物馆签下保证合同。然后通过手机拍照，发给我们。

十一言联内容如下：

上联：古今来许多世家无非积德

下联：天地间第一人品还是读书

这副十一言联，字迹清晰，古色古香，即便是不能亲眼目睹原物，从电脑、手机上反复阅读欣赏，也是一件赏心悦目的美事。也许，有一天，青岛博物馆方面能够满足我们的愿望，复制一份给我们。现代科技手段从技术上讲应该是没有问题的。这副字实在是可以作为我们的家规，激励后人。

隶书是他的看家本领，行书、行草也很见功力。我们在网上看到一封已经拍卖的他写下的家书，运笔如行云流水，行草颇有八大山人的韵味。

中国书画离不开印章，印章除了作为鉴别身份标签的实用功能之外，更多的时候，它还表达一种情调与趣味。后者尤其能够读出一个人的性格与境界。李汝谦正式的钤印常用的有李汝谦印、一山等，此外就是他不同心境下篆刻的闲章。

李汝谦他在济宁老家的居住地，离当地著名的太白楼不远，而他又是很喜欢李白的诗风，因此他有两枚闲章均与李白相关，一枚是表明自己出身的叫“青莲后裔”，另一枚则是“居近太白旧酒楼”。除了诗人李白，李氏还有一位著名人物李自成，李汝谦曾以戏谑的姿态刻下四字：自成一家。他刻下这枚闲章大概觉得很好玩，一语双关，所以徐一士在写到《李汝谦》一章时，还专门提到这枚章。

民国人物在自己的名字前面，大多喜欢加上家乡的地域概念，如绍兴周树人、上虞罗振玉、黄县丁佛言，李汝谦的著文，署名一般都是济宁李汝谦。李汝谦是很为自己的家乡自豪的，他有一枚闲章是：“生长大江以北黄河以南水深土厚圣贤桑梓之乡”，描述的就是济宁。

他还有诸如“后汉画室”、“揖珊”、“积渊阁”等章。

我们猜测，“后汉画室”表达的是他对汉隶的推崇与偏爱。

“揖珊”是一山的谐音。同样的发音，完全不同的指向与意蕴，亦庄亦谐，汉语言所具有的温润含蓄，真是变幻无穷。

为什么叫“积渊阁”呢？其背后的故事是什么，我们连猜想都变得困难了，但作为闲章，这也是一个好听的名字。

17. 收藏甚丰与家族使命

李汝谦收藏甚富，这不仅是保留于家族后人的记忆中，世人对其评价也多提到他的收藏。如有文字记录称：“一山擅长金石学，富收藏，尤其喜欢收藏奸佞书画，且能书。”还有记录称：“一山于济宁藏汉碑甚富。”这大抵是不错的，因此才有康有为到济宁访碑、一山做向导的故事。

李汝谦的收藏一是有家族传统，二是个人喜好。比如记录中提到的他尤其喜欢收藏奸佞书画，假如真是如此，我们倒要佩服他的独具慧眼，而这似乎也符合他“不循常格”的做事风格。

站在纯粹书画艺术的角度来看，所谓奸佞书画，其中还是有一些上品与极品呢。而在当时的历史环境下，李汝谦不以人非物、不为道德所禁锢，这不也是一种眼光与胸襟气度吗？

李氏家族，最辉煌兴盛时期，要算在康乾、嘉庆、道光时期，此后日渐式微，到了有谱可查的第十七代李汝谦这一辈，这个兴盛一时的大家族，正如那个日益没落的清王朝，也开始走下坡路。李汝谦是这个家族“代有达人”中这一代的佼佼者。我们一直觉得，李汝谦内心里一直怀有家族的骄傲，并且不仅在这种祖上曾经的辉煌中找到自信，而且耿耿于怀地要恢复这种荣耀。

由于个人的文化熏陶与气质，他对这个家族第十三世“先高祖母黄太恭人尊甫”黄易怀着深深的敬意与血缘的亲近感，我们甚至能够感觉到李家衰败之后，他对保护、抢救先人留下文化遗产的巨大使命感与责任感。以至于，越是到晚年，他越是感到一种急迫感。不然我们很难理解，为什么他酷嗜黄体隶书，恨不得要收集百本黄易的隶书，并把自己的书斋取名曰：百黄斋，我们甚至可以想象，当他晚年带着病体，几乎过着隐士一般的生活，当每天一笔一画地在临摹黄易的隶书的时候，他的内心是不是也在默默地和这位自己敬仰的先人在切磋与对话呢?

这是一份什么样的特殊感情呢?

我们今人又有谁能够读懂这位先人对先人的怀念呢?

从这个角度看，我们不难理解，当李汝谦从官场退出之后，他一生的文化、艺术、学术活动与大量收藏，其实一直与李家自十二世先祖李作霖始与黄易的文化影响有着密不可分的关系。也许这是解读李汝谦文化密码的一个关键切入点。

18. 保护过的重要文物

人们时常感叹：人生苦短。

对于个体生命而言，或许，50岁、60岁、70岁、80岁还是有差别的，但是放在历史长河与浩瀚宇宙来看，一个人的生命都不过是沧海一粟、过眼云烟，从这一点上来看，一个人多活10年，少活10岁，真没什么差别。不过，既然如此，人又有一点不甘心。人的一生，总不能白走一趟，什么也不留下吧。

对于一个文化人而言，假如在其有限的生命中，能够为人类文明的传承与保护留下一点自己的足迹、贡献，就不算白走一趟。

李汝谦在保护文化遗产方面，是有贡献的，他至少做了这样几件事值得后人记住：

一、保护整理《秋盦遗稿》，这不仅丰富了《续修四库全书》，而且为黄易研究者们提供了珍贵的文字资料。

二、收藏《西岳华山庙碑》（四明本），这是隶书中的极品，属于国宝级文物。

三、收藏并修复《唐拓武梁祠画像》。这本流传下来的拓片，清道光二十九年曾遭受一场火灾，李汝谦得火后残本，将其重裱成册，并增题跋一册，亦属于国宝级文物。

四、编撰《新郑出土古器图志》。

此外，在保护、传承黄易的文化遗产方面，李汝谦真是功不可没。

我们甚至担忧，假如没有李汝谦，黄易作为中国金石学领域一位绕不开的大家，他的一部分作品有可能至今已经流失。中国又有多少重要的文化遗产要么被独具慧眼的外国人弄走，要么被后人当作“没用的东西”遗弃、毁掉。

说到底，文化遗产需要懂文化并有文化担当的人来保护。

前面已经讲过，李汝谦在保护与继承黄易文化遗产方面，他天然地具有血缘与文化上的亲近感，《秋盦遗稿》是黄易的重要诗文遗稿。

黄易在中国篆刻、书法、绘画、金石文字领域占有重要位置，某种程度上是中国这几个领域绕不开的人物。

现代文化界，都知道他是著名篆刻家，是篆刻界西泠八家中之翘楚；在书法方面，主要在篆隶书方面，他也占有很重要的地位；绘画方面，他是“浙西三妙”之一，尤其在“金石书画”的创作上更是独辟蹊径；在当时兴盛的金石学领域，他更是盛名独具，为金石五家之一，尤其值得称赏的是“秋盦（黄易）又尝于嘉祥紫云山探武氏石室”，这是中国金石学历史上前无古人的文化壮举，轰动全国，影响世界，至今不衰。

即便如此，济宁学人王廉华、周传福在高度肯定了黄易的上述成就后，接着评价说：“今人往往忽视他在古文辞、诗歌、长短句方面的造诣。在这方面，他的成就，于当时诗人名家中亦不多让。”

沿着黄易的这一文脉，我们发现，在黄易去世后的百年间，李氏后人中李汝谦是在全方面传承他的文化遗产。黄易去世之后，他的《秋盦遗稿》在当时已经由他的女儿黄润——李汝谦的先高祖母黄太恭人编辑完成，并且为该书做了序。但是，古时出书实在是一件花费不菲的难事，可以想象，这份手稿自黄太恭人开始，历经李氏家族几代人，他们多想完成这样一个出书愿望，然而，此后中国历经战乱、动荡，直到一百年后，也就是又过了五代人，才在李汝谦手上完成。

我们注意到，这是李汝谦在日本留学期间进行重新校对的，在《秋盦遗稿》的跋中，李汝谦做了较为详细的叙述，他写道：“是册赖家东涵叔收拾遗佚仅存，云林兄同游日本，出行箧还。汝谦且读且校，知为嘉庆壬戌先生甫终，先高祖母与先生哲嗣长元公抄辑者。”

可以想象，李汝谦对于出版这本《秋盦遗稿》是极其看重的，因此，在出版前，除了保留原有的序言外，另外邀请了大师级人物罗振玉为该书作序。由大师为大师作序，真是恰到好处。而《秋盦遗稿》被收集在《续修四库全书》当中得以永久保存，李汝谦功莫大焉。

1923 年，一个考古史上的大事件出现在河南省新郑县。

这一年，新郑县一位姓李的乡绅雇人在自家园子里打井，意外发现 2800 年前的周朝金石钟鼎等古器 100 多件，成为考古史上的一次重大发现，从而惊动海内外。一时间，从北洋政府首府北平到地方各省，一些军政要员以及文化名流，甚至部分外国使节、学者均纷纷通过电报、信函等方式，与河南官员接洽、联络，有亲自来考察的，有举荐亲朋好友希望予以接待的，也有提出保护建议的，等等。仅从收集在册的一部分重要人物的信函、电文内容就可以看出，这确实是当年震动天下的文化事件。

民国十二年，管辖河南的军政首脑人物是北洋政府直系军阀吴佩孚，而具体驻军新郑县境内并具体督办这次考古发掘工作的则是北洋政府陆军第十四师，师长是山东济宁人靳云鹗。

靳云鹗哥哥靳云鹏曾担任北洋政府总理，因为自身掌握了相当军权，又加上有北洋政府哥哥这一层关系，靳云鹗在河南说话、办事还是有相当分量的。在如何保护出土文物方面，靳云鹗应该是一位开明将军，而在具体保护新郑出土古器这一件事上，靳云鹗也可算立下了汗马功劳。今天我们谈起民国众多人物，像靳云鹗这样的军人，大抵不少，但是，历史也不过是过眼云烟，那一代的军人，将军也好、司令也罢，谁还能记得他们呢？但新郑出土古器文物的保护，恰恰让我们后人记住了这位将军。

民国十二年，李汝谦作为金石学方面的专家，应邀编辑的《新郑出土古器图志全编》。这本图书后来被列入“中国方志丛书”华北地方第 97 号，我们在国家图书馆查到并复印下来的是这本书的影印本。本书开篇由李汝谦、靳云鹗分别撰写的序，以及收集在全书后面的部分官员学者关于前往新郑考察参观的信函、电文等，比较真实完整地记录了与这次古器发现相关的详尽资料，具有原汁原味的史料价值。

书中收有李汝谦与靳云鹗两个人关于如何保护古文物的往返信函。李汝谦在写给这位小三岁的老乡将军的信中，非常坦诚地谈了自己的顾虑、担忧与想法，有些地方还能看出，只有老乡熟人朋友非常信任的关系，才可能说出的心里话。李汝谦的信主要讲了三层意思：一是表示非常庆幸，这么重要文物的偶然发现，不早不迟恰好出现在老乡将军下辖之下的新郑县。二是表示了自己的担心。他说，如今国家“政象不宁，一切皆无秩序”，假如把这么重要的古器文物交给当地不负责任的所谓公共团体去保护，实在不能保证不会出现闪失与失误；信中接着说，即便是收藏在帝王与官府之家的宝物，也会流失；接着在第三层意思中，他提出建议，认为自古以来，中国文物保护比较好的，是像曲阜孔氏这样的世家大族，也只有他们才可能真正保护好文化遗产。因此，他提议，作为山东济宁老乡，最好把这些古器文物全部搬到曲阜，理由有三：一者金石学研究从宋开始，主要大家均集中在山东；二者，他的哥哥靳云鹏一直想创办曲阜大学，文物可放在大学保护；三是包括了上面讲过的，孔氏曲阜所在地，历来文物保护完好。

李汝谦的建议，当然包含了家乡情结这样一些个人感情在里面，但是，从中不难看出，他对周朝古器文物的痴迷程度与对中国大环境的深深担忧。他毕竟是留学东京，对文物保护是具有世界眼光的。他真是担心这些文物流失。当我们在书中看到经过他编辑的上百件文物，虽然当时的印刷图像模糊，但是图片说明对每一件文物的重量、形状、高矮长短尺寸进行详尽的记录时，能感受到他触摸每一件文物时的那份钟情与精心。

在这本书的序中，李汝谦借靳云鹗之口，谈到了“公共保存”文物归公这样一个重要理念。他在序中写道：“吾国之视古物，以为第供私人玩好，而且巧取豪夺，罔知忌讳，适足以溺人心而败风俗，从未闻公共保存以备研究学问之用，昌明文化之资。此次主持矫正，幸获伸张，不惜汲汲成书，以防散佚、更换之弊。”在当时那样的环境下，能够提出“公共保存”这样的理念，是很先进的。

公开是最好的保护。这次新郑古器文物的保护，在那样一个靠权力、拳头、枪杆子、金钱等说了算的为所欲为的乱世，把这次古器的发掘与保护，搞成一个轰动海内外的大事件，也许这是李汝谦这一群文化人的大智慧！

靳云鹗在接到李汝谦的信后，很快回复。表示吴佩孚巡帅已经做出决定，将文物保护在当时的省会城市开封。这一年是1923年。

在又过了将近100年之后，那些被保护起来的珍贵古器，如今在哪里？

李汝谦的担忧应验了吗？

那些文物“散佚、更换”了吗？

在那个大动荡的年代，当人们惊呼，偌大一个中国连一张安静的书桌都放不下的时候，这些古器文物，放得下否？

今天，又有谁对照李汝谦精心编辑的这本书，对当年的古器进行重新核验、登记、造册？若有，他应是十分地感念这一位大贤的吧！

19. 收藏在故宫里的两件一级藏品

在故宫博物院，藏有一本宋拓汉刻郭香察《西岳华山庙碑》，这个碑拓曾经为李汝谦收藏。从李汝谦手上转到他的老乡、北洋政府最后一任总理潘复的手上，最终再转手香港胡惠春，1975 年胡惠春捐献给文化部文物局拨故宫博物院藏。

西岳华山庙碑历史久远，一般认为是东汉桓帝延熹四年（161）刻，另一说延熹八年（165）刻。不管怎么说，距今已是将近两千年历史。这个碑有篆额，立于华山。原石明代初叶尚存，遗憾的是明嘉靖三十四年（1555）地震碑毁。原石拓本有四本传世，即“四明本”、“长垣本”、“关中本”（又称“华阴本”）、“顺德本”（又称“小玲珑山馆本”），可惜“长垣本”已外流日本，顺德本因毁两页，被认为是“半本”。这就令华山碑拓片显得尤为珍贵。

更为难得的是，这个碑帖的艺术价值极高。在书法界，西岳华山庙碑帖，被称作汉隶第一品，碑书历受称颂，篆书碑额丽婉多姿，隶书碑文笔划丰润，变化多端，奇妙精绝。清代朱彝尊评此碑说：“汉隶凡三种，一种方整，一种流丽，一种奇古。惟延熹《华岳碑》正变乖合，靡所不有，兼三者之长，当为汉隶第一品。”

拓本纵 175cm，横 84.8cm，经多位著名金石收藏家易手，在李汝谦之前，收藏过的有宁波天一阁范氏藏、钱大昕父子、阮元、完颜崇实、端方，之后是：李汝谦、潘复递藏，后归香港胡惠春。

该碑拓，无论从哪个角度来判断，均具有极高的价值。仅仅从收藏的不断转手，就是一个给人无限遐思的曲折故事。在国家动荡的年代，在个人身家性命都朝不保夕的岁月里，李汝谦为什么将这样一个国宝级的文物转给潘复？地位显赫的潘复为什么又将文物转到了香港胡惠春手里？胡惠春是谁？而当我们痛惜长垣本已经流失日本之时，也许，这份最完整的“四明本”正是经历了种种曲折才最后逃过多次劫难，最终安然无事回到故宫博物院。今天，当我们后人在故宫博物院有缘欣赏到这份文物时，我们在庆幸之余，也是应该睹物思人，为他们脱帽鞠躬的。

李汝谦同样的贡献，还在于保护《唐拓武梁祠画像》。

隔行如隔山。而对于金石学这样一个冷僻的专业，尤其在今天这样一个注重物质的实用主义年代，让我们对武梁祠画像不仅生疏，而且因其历史久远令人不免望而却步。这有什么用？这和我们什么关系？

因为外行，因此，我们有必要借助专家的评价来认识其价值。

巫鸿，一位武梁祠画像研究方面公认的国际著名专家，哈佛大学美术史与人类学双重博士学位，先后担任哈佛大学、芝加哥大学教授，他的学术专著《武梁祠：中国古代画像艺术的思想性》曾获得全美亚洲学年会最佳著作奖，在他这本专著的导言中，本人摘其要概述他对武梁祠画像在中国乃至世界范围内的重要价值与意义，他说：对武梁祠的研究可说是已经形成了中国古代艺术史中一个特殊分支。以下几个事实使得这项研究尤其重要。第一，武梁祠是武氏墓地中唯一可以完整复原的祠堂。第二，该祠堂内部墙壁上满饰浮雕画像，就其艺术的完美和主题的丰富而言，在那个时代里堪称是最出色的。第三，武梁祠之所以在中国艺术史中占据如此重要的地位，还由于学术界对它的长期重视。中国学者从宋代起就已开始研究这座祠堂。而自 19 世纪以来，西方学者也加入了这个行列。武梁祠石刻以其蕴含的极为丰富的研究多样性对中国艺术研究者不断提出挑战。

通俗地解释，武梁祠也就是一处墓地上建立的一座祠堂。这座东汉官吏的家族墓地坐落在山东省嘉祥县紫云山南麓，那是众多散布于黄河中下游广袤平原上的小山丘之一。墓地中的地上遗存包括多种石刻，武梁祠即是这些祠堂中的一座。之所以称作武梁祠，是由于该祠是为武氏家族成员之一武梁（78—151）而建。

出于对金石学的爱好，武梁祠研究在宋朝兴盛一时，从宋到清，历经

600 余年的岁月沧桑，特别是由于频繁的黄河洪泛，武氏祠堂最终被淹没于淤泥之下。

1786 年，当著名的金石学家黄易途经嘉祥时，他几乎是很偶然地发现了武氏家族墓地的遗存。黄易当时所掌握的唯一的线索是《嘉祥县志》中简短的描述。他根据线索断定这是属于出现在宋人记载中但失踪已久的武梁祠。然后，带人开始了发掘遗址。

当我们了解了武梁祠的重要价值，无疑，对黄易的这次遗址发掘的重大意义就能有一个直观的认识。巫鸿先生是这样评价这次发掘意义的，他写道："黄易的发掘以及随后他领导的石刻保护工作是武氏祠历史上极其重要的事件。对一般性学术史说来，这几座被遗忘了的汉代祠堂的出土可说是中国历史上第一次有计划的考古发掘。而随后进行的保护工作使得石刻得以留在原址而非落入私人收藏家之手。"

在这次重大的历史文物保护和涉及的其他文化遗产的保护方面，不能不再次提及李氏家族。

黄易从 35 岁起，在济宁做运河官员，此后他一生的主要时间，都生活在济宁，直至终老。在济宁期间，他与当地望族李氏家族中的李钟沛结下深厚友谊。他们不仅是志同道合的朋友，而且还成为儿女亲家。

黄易在悼念李钟沛的一首诗中用"不道朱陈契，翻多管鲍情"，表达了这种特殊的关系。在他们多年的友谊中，其中一点，就是经济不算宽裕的黄易，在碰到喜爱的文物又囊中羞涩的时候，多数情况下是重义气的李钟沛为他慷慨解囊。而在这次意义重大的重立武梁祠捐款活动中，李钟沛也是积极倡导者与捐款人之一。翁方纲所撰《重立汉武氏祠石记》的捐款提名里记录有李钟沛的名字。

从武梁祠发觉到保护，不难看出李汝谦的高祖、外高祖均做出了重要贡献，又经过一百多年的历史，当李汝谦于 1916 年，在重新得到黄易最为珍贵的藏品《唐拓武梁祠画像》后，在《得碑自记》中说："秋盦先生为先高祖母黄太恭人尊甫，其收藏金石书画半因余家资力所致。"

这本如今收藏在故宫博物院的武梁祠画像册为唐拓孤本，内容是第一石的上二列画像。原石第一列为"伏羲"、"祝诵氏"、"神农氏"、"黄帝"、"帝颛顼"、"帝喾"、"帝尧"、"帝舜"、"夏禹"、"夏桀"古帝王像十图；第二列为“曾子”、“闵子”、“老莱子”、“丁兰”孝子四图，榜题清晰，有名人书跋及观款，钤“古盐州官马氏章”、“吴乃琛印”等印共 127 方。拓本曾藏唐顺之、马曰璐、汪雪礓、黄易等人处。清道光二十九年后曾被火烧。

李汝谦得火后残本，将其重裱成册，并增题跋一册。如今，故宫博物院收藏的藏品，就是经过李汝谦重新装裱成册的火后残本。

中　篇

20. 北平祁家豁子：一个记忆中的墓地

李汝谦病逝于北平东城净土寺 7 号院家中，随后安葬在生前选定的墓地：德胜门外祁家豁子。岳母回忆，小时候，每年的清明节与寒衣节，她和妹妹李英轮换着要陪母亲到墓地去。墓地葬着她的爷爷与三位奶奶。

记忆中，小时候从净土胡同步行到祁家豁子，往返一天。墓地栽种了很多胳膊粗细的松柏树，家里还雇有专门的看坟人。坟头上墓碑很高，岳母用手比划着说，碑的上方有一顶防雨屋檐，墓碑上密密麻麻刻了许多字。解放初期，她考上北京女二中，很少再陪母亲去墓地。上世纪 70 年代初，墓地被一家工厂占用了。之后，那里建厂房、学校，盖了楼，墓地所在的祁家豁子早已名存实亡，面目全非，没了踪影。

2017 年春节正月初四，平日拥堵的北京城一下子减少了很多车辆，我们从北京城西南四环外，驱车进城，从北二环进入北锣鼓巷，先找到净土寺 7 号院，又从这里出发，出北三环，按照高德地图的导航，找到祁家豁子。这一段路不到 7 公里，开车只需几分钟。但是，在岳母的记忆里，小时候陪着母亲，带上祭品，要走很远的土路。到了墓地，还要在看坟人的房子里，歇歇脚，吃点干粮，再往回返，来回一趟，就是一天。

现在的祁家豁子，只剩一个公交站名了。高德地图是如此的精准，它提醒我们已经到达目的地。可是，除了车站，我们走下车，东张西望，一片茫然。在路边一个高楼林立的小区门口，我们看到一对上了年纪又像是这里的老住户，迎上去打听：“祁家豁子在什么地方?”他们倒是热情，说“这一片都是祁家豁子”。我们问：“过去这里是不是一大片坟地啊?”对方直摇头，说：“这个小区80年代就有了，不知道这里过去是什么。”

祁家豁子，岳母记忆里的一大片墓地，现在只剩下一个公交车站的站名。谁知道祁家豁子？记忆就这样被岁月无情抹去吗？岳母一直生活、工作在北京，她长期工作过的单位离这里并不远，其实，岳母自己也很清楚，北京这座记忆中的城市早已面目全非。由于退休前她一直都生活在自行车与公交车作为交通工具的年代，她对2000年以后的北京飞速发展，已经不太适应，对汽车、地铁成为主要交通工具的摊大饼城市已经不太适应，我们有时候开车带她出去办事或者吃饭，她坐在车子里，常常是自言自语地发问，这是哪里？这又是哪里？然后，你告诉她这是什么地方，她忽然又说，怎么变成这样了？都不认识了！听她的口气，好像她不是老北京，好像她没有在北京生活过。现在想来，恰恰是她脑子里总有一个过去的老北京，而日新月异的新北京倒是让她陌生了。

好在有互联网。互联网上还真是保存了关于祁家豁子的记忆。在360搜索中，对祁家豁子作了这样的解释：祁家豁子，北京的一处老地名。位于北京健翔大厦附近。今元大都城垣遗址公园内，有元大都城垣的护城河，俗称小月河，河南岸有高低不平的土丘，那土丘就是元大都城北垣遗址，俗称“北土城”。明代废了元代北城垣之后，人们为了便于交通，便在此处的城墙上扒了一个豁口，豁口外边有祁家坟，故称“祁家豁子”。老舍先生所著《四世同堂》中的主人公祁家老太爷给人留下深刻印象。老舍先生在写《四世同堂》时，是否受祁家豁子、祁家坟之影响，不得而知。不过老舍先生解放前曾在北郊小学任职，他对祁家豁子和祁家坟一带的地理环境是十分熟悉的。老舍先生家的祖坟在西土城外。老舍先生书中所指的地区，就在今天的健翔山庄、健翔大厦、祁家豁子长途站、中科院地质所宿舍区等地带。

21. 网上有人私售李汝谦墓碑拓片

我们在互联网上发现，有人打出出售李汝谦墓碑拓片的信息。信息内容十分具体，包括墓碑的尺寸大小、碑额以及碑文的撰写者等，这个信息，对于书法爱好者与文物收藏者而言，无疑价值很大，而对于我们而言，这条信息简直就是令人振奋，至少告诉我们，目前李汝谦的碑文仍然保留在人间，而碑文的内容对我们了解李汝谦的生平又是太重要了。

我们根据网上预留的座机号码，多次拨打，均无人接听。这时候，远在国外的表弟李辉通过他的渠道，在网上买到了李氏家谱电子版，他又按照同样的渠道，居然也买到了墓碑拓片电子版。仅电子版花去人民币 500 元，尽管价格不菲，但是我们沉浸在新发现的喜悦当中。我们将拓片打印出来，在放大镜下，一字一字辨认。拓片电子版，肯定是在原来拓片影印版基础上，再翻拍过的，碑文的顶端与底部的一行字模糊不清，而碑文中间笔画多的或者原拓片因折叠出现皱褶的地方，经过翻拍，字迹又在原基础上缩小许多，有的字就变得模糊难认。碑文全篇将近 1500 字，当我们决定在电脑上进行重新录入时，虽然顺着原文前后意思也能大致猜出一些字词，但仍有一部分字词成为疑点。尽管如此，有总胜于无，这样一份残缺不全的碑文，还是为了解李汝谦一生的经历与家世提供了诸多重要信息。比如，通过这份碑文，我们确切地知道他的去世时间是 1931 年夏，而此前所有的有关记录均为 1930 年；再比如，通过碑文，我们了解到他曾经办过卮言日出报社，担任过山东大学讲师等；再比如，家谱和《螺楼海外文字》给我们留下的疑点，那就是与他存在同父异母关系的兄弟姐妹都在哪里？命运如何？以及此前通过阅读其文稿判断他可能多年身体不佳的推测，在碑文中都找到了确凿答案。

可是，其中模糊或难以拿捏的数十个字词不能确认，这也让我们心有不甘。人总是这样吧，没有得到的时候，渴望得到；得到了，又希望完美无缺。我们相信，既然有拓片影印件电子版，那么，一定有原始碑文拓片，我们甚至相信，坟地虽然平掉了，但原有的墓碑以及墓碑的原始拓片作为文物一定还在。最早，我们猜测，恐怕是哪位民间的有心人，在当年平坟之前，发现墓碑的文物价值，然后私下留了拓片，现在，我们断定，至少碑文拓片应该在国家或首都图书馆，而墓碑也许应该收藏在区级或者市级博物馆。否则，这也是文物保护的遗憾与失职。我们的判断得到了验证，经过多方打探、寻找，特别是通过热心朋友、熟人的大力帮助，终于传来消息：墓碑原文拓片就在白石桥国家图书馆善本馆。

22. 墓碑拓片收藏在国家图书馆

春节前夕，腊月二十九，除了各级政府部门等还在按照国家节假日规定正常上班之外，公司、企业等许多私营部门，已经早早打烊关门，准备过年了，北京城一下子变得空空荡荡。我们如约来到白石桥附近的国家图书馆善本阅览室。服务人员在查验我们的介绍信和相关证件后，很快走完审批签字程序，然后，用一块硬纸板托着，为我们取出珍贵的碑文拓片原件。服务人员态度认真谦和，还专门为我们准备了一支铅笔，特别叮嘱说，阅读的时候，要把圆珠笔等容易染色的笔收起来，与拓片隔离，以防污损文物。

在一张长长的阅览桌上，善本室管理人员指导我们小心翼翼地一折一折打开拓片，拓片上的墨香扑鼻而来，等到将拓片全纸摊开，与原碑同尺寸的拓片长宽几乎占据了阅览桌的整个桌面，没有想到是这么大的一张拓片，缩印的电子版与原物相比，感觉完全不同。我们确信，岳母的记忆是准确的：这确实是一个高大的墓碑，而容纳 1500 字的碑文，也需要这样一个高大的墓碑。与我们先前看到的拓片电子版不同，这个原始拓片，字字清晰，无一处模糊难辨，就连笔画与笔画之间的连笔与虚线，均如新刻上去一般。我们事后自嘲说，要说拓片上的哪个字不认识，那是真不认识，不能怪罪字迹模糊，要怪罪只能怪罪自己的学问不够。

正在我们拿着事前准备好的留有空白字的打印版与原文进行反复核对时，这时候走过来一位年岁较大的管理人员，他在简单与我们交谈几句后，很内行地说，这个碑帖应该在国图出版的《中国历代石刻拓本汇编》里可以找到。我们根据他提供的线索，在阅览室很快找到了这本书，该书第 96 页果然收藏了这块墓碑的拓片。我们认真核对书中内容，不禁相视一笑。表弟网上花500元购买的电子版，其实就是这块墓碑拓片的翻拍电子版，其中模糊难辨的地方，完全相同。我们叹息，也不得不佩服，现在真是处处都有有心人，只要你有需求，有人就能找到生意。

我们从偶然发现有人出售墓碑拓片，直至寻找到碑文拓片，前后几个月，而且终于找到了。这恐怕也是应了那句老话：世上无难事，只怕有心人。而且，我们也把这看作是一次福报。在我们校对完原文，并且因此获得更多李汝谦信息的时候，我们心里充满感恩。

附原文：

泰山太守李君墓碑

济宁王文墀撰文、吴兴吴永书丹、上虞罗振玉篆额

（国家图书馆，善本阅览室，拓片文号：德胜门外祁家豁子116—20）

士君子负旷代逸才，抱轶俗绝学，生当舛季，求仲共不可一世之志，其有合马者尠矣，众人毁之而不以为忧，众人誉之而不以为喜。斗室啸傲，惟托于诗歌文章，以寄幽情而抒孤愤，亦可哀已。迨见用于世，钱縠簿书之琐，琐举不屑措，意出其经世之绪余，小试于一官一邑，其治绩已迥异于俗吏，惜乎，再起再蹶，不克竟其所施，此人才消长所由分，即世运升降所由，判有心人，不第为一人一身惜也。

民国二十年岁辛未夏故，春，泰安太守李君汝谦之丧，既葬之数月矣。其哲嗣勖来乞文于余，余与君同里闬，通姻娅，为文字交，君之学行出处，知之稍详，是不可以无言。

君讳汝谦，字益山，又字一山，山东济宁人。按李氏元季，由山西洪洞迁济，代有达人，十四传至君嗣曾祖廷仪公。公负乡望，登大年，宅偏小，园有假山，同名所，著为《爱山堂诗草》，曾祖母刘无子，嗣从廷兄子颖，晚年生次子果。君本生曾祖琪天性沉毅，以知县剿枭匪阵殁于浙。祖颖以豪迈称。祖母氏杜。父讳冕，字冠周，母氏张、张、刘。兄及两姊皆继妣张出，君与弟汝誉刘出。汝誉疫殇吉林。

君生负异禀，机警过常，儿胜衣就傅性，嗜读午夜，琅琅无倦色，七八岁能谐声，出口作韵语，少长出入经史，论古有特识，浸淫百籍，尤得力于诸子。其为文也，不拘于寻常蹊径，往往生面别开，多未经人道语，以故试辄冠其曹，追补博士弟员，益厌薄帖，括业肆力于古文辞。鲁抚杨文敬，奇其才，资送日本留学，肄习法政，课余撰应时文词，及有趣味小说出稿，博巨赀，因得印行海外文字，其标名螺楼者，系济上故宅读书之所，示其学有自也。姬人傅云随侍，写而影印时，有双璧之目，亦韵事也。

毕业返国，考授举人，辛亥政变，以君奔走国事，授任泰安知府，寻裁缺，改知泰安县。事庭责不法之武员，所部肃然，直声震遐迩。寻去官，充棣阳霑鹾务，宿蠹一清，未几，携家来平，充国史馆分纂，并创立卮言日出报社，志气得稍阵马。充山东大学讲师，每登堂，妙义贯珠，清言霏玉，诸生闻而忘倦。充黄县知事，抑豪猾，全善类，省徭役，苏民力，尤拳拳不忘者，以促进文化为先务，嗣以政见不克畅行，遂拂袖去。

息影北平，自是，不复出矣。于北城构庐、种竹、莳花、诗酒谈谯以自遣，购得唐拓武梁祠画像，征名流题跋，殆偏又得华山碑真本于端陶斋之姻家，临摹无虚夕，生平酷嗜黄易隶书，立志收集百本，额其斋曰：百黄斋。以供寝馈焉，特影印黄氏遗稿，罗振玉学使序，其崖略，其原序，则黄司马女公子所写作，即君之先高祖母也。翰墨结缘，有自来矣。

君兄汝讷，宦游吉省，郁不得志，君赀迓东来，历任兰山、沂水知事，去官后，退隐燕市，悬壶自给，闻君病日笃，汝讷积忧成疾。君讣音至汝讷病，卒不起。遗命，犹子勖应兼祧其夫妇旅榇归窀于济上老茔，从其志也。君伯姊徐早殇，仲姊张嫠后，依君以活。君遗命子勖善视张姑，勿令失所，可谓笃于友恭已，嗟夫，士人出处自有本末，得志则兴养，立教道，济生民；不得志则立说著书，牖启来者，出为循吏，入为儒林，生寄死归，亦复何憾。君而有知，可以无恨矣。

君病沉绵数载，始尚强自持，浏览文瀚，登眺山水以自慰遣，既而食日减，体日瘠，然其神思莹澈，规划家事及身后事详密无遗，易箦时，神光四照，洋洋如平日，殆所谓生有自来與。君遗命，卜葬德胜门外新阡，惟济上先茔，君曾遍立墓碑，封植松柏，岁时祭扫无缺云。今者刊石纪事，乃为之铭。

铭曰：洸泗清才，宠蒙奇气。由狷返狂，翻新标异。鸣凤翱翔，神龙游戏。穴穿百家，炉冶诸子。东鲁治行，北海高义。金石泐铭，以告奕世。

毅旦

中华民国二十年九月

23. 人到中年：却道天凉好个秋

在那个动荡的岁月，李汝谦的生活也一直处于动荡之中。

1911 年留日回国，正赶上辛亥革命，作为热血青年，他积极参与其中，参政、办报、撰文、讲学，将近 20 年间，他不断游走于山东泰安、济南、黄县以及北平之间，真正安静下来，是在 1928 年卸任黄县县令之后。

这一年，他 50 岁。

50 岁，正是知天命的年龄。所谓知天命，一方面是随着一个人生命体验与阅历的丰富，一路走来，终于悟到了哪些事可为，哪些事不可为的生命成熟阶段；而另一方面，也由于人们自然生命力的下降、生理机能的衰退，发出心有余而力不足的生命感叹，正是且道天凉好个秋。

李汝谦进入中年以后，甚至更早的时候，我们读他的诗文，时常能够感受到他有意无意之间发出的悲凉叹息。

根据他的家族基因、青年时期写下的诗文以及至今我们能够看到的他留下的唯一一张照片，我们都可以想象和断定：他是一个身材修长魁梧、英俊潇洒、精力充沛、豪爽侠义的优秀男人。

他的老乡、发小、文友王文墀在他的墓志铭中深情地回忆到：

“君生负异禀，机警过常。嗜读午夜，琅琅无倦色。”——这是 20 岁以前，寒窗苦读的李汝谦，这是一个追求上进的青春少年；

“事庭责不法之武员，所部肃然，直声震遐迩。”——这是刚回国赶上民国新气象、初步踏上仕途的李汝谦，这是一位在官场上颇想有一番作为的青年官员形象。“想当年，金戈铁马。”30 多岁的时候，声音如此洪亮，不正说明是元气足、生命力旺盛的象征吗？

再回想当年在太白楼上那个写下“宴客亦寻常，贺监何人应让风流归太守；能诗最奇特，青莲如我不须星宿托长庚”对联的留日之前的年轻人，那是一个多么充满生命活力的人啊。

可是，在中年之后，这个曾经精力充沛的男人，曾经几乎是狂傲的不可一世的男人，为什么忽然一下子消沉了下来，显得有点蔫儿，有点打不起精神，在他这个年龄段写下的诗文字里行间，总能感觉到一种悲凉之气氤氲其间。是什么原因造成了这种英雄气短？

我们猜测：除了国家动荡生不逢时这样的客观原因之外，也许有三方面的个人原因？

其一，他的身体在很早的时候，恐怕出了点问题。比如，早在留学日本期间，他在一首诗里曾透露，今后不再吃海鲜。为什么不吃海鲜，身体出了什么问题？岳母在多次聊天中说过，他的爷爷年轻的时候，在微山湖生吃海鲜吃多了，身上得了一种寄生虫病。岳母怎么知道的？当然是她奶奶说的。她奶奶说的病况也许不一定科学，但是李汝谦身体很早不太好而且和海鲜联系上，这恐怕是有一定依据的。今天看来，也许是肝脏等内脏出了问题？到中年之后，他的身体日渐衰弱大概是事实。比如他在为丁佛言《说文古籀补补》撰写的序中就这样自责到：“佛言高旷坚卓，所志易成，余则日即衰颓，裹以羸病。”以致于答应给佛言写的一篇序言，一直延迟了百日。李汝谦的身体、家庭情况，王文墀是最知情者之一，在墓志铭中写到李汝谦的最后几年光阴，他说：“君病沉绵数载，始尚强自持，浏览文瀚，登眺山水以自慰遣，既而食日减，体日瘠，然其神思莹澈，规划家事及身后事详密无遗。”

我们都有这样的经验，人在身体不好的时候，情绪容易低落，即便强打精神，说话做事底气也是不足的。人在身体很不好，处于很悲观的时候，不要说心有余力不足，恐怕是力不足，心气也早没有了。

其二，长期无子。在日本留学期间，他和陪读过去的妾傅云有过一个孩子，而且是儿子，这给他带来了极大的喜悦，《螺楼海外文字》中几次提到这个刚出生的儿子，但是，从最后一次提到这个孩子的生病，此后再无出现。我们估计，这个在日本出生的男孩应该是夭折了，直到 1918 年，他在 40 岁的年龄，再有一个儿子，也是他留下的唯一的后代。中年得子，自己身体欠佳，儿子年少，对于极其看重生命传承的中国男人而言，这多少加重了他的焦虑不安。

其三，事业上的磕磕绊绊。对于一个男人而言，一生的成功无非是身体健康，事业有成，家庭和谐。古往今来，大抵如此。这三点对于心气颇高的李汝谦而言，恰恰是都不太满意。虽然从今天看来，他的事业应该是取得了相当成就，但是以他的抱负以及他追求的仕途目标是有很大落差的，在他看来，书画收藏、金石学问，不过是副业，是业余爱好，乃雕虫小技，是不得已而为之罢了。

24. 李汝谦的家庭成员

李汝谦的家族史上，有许多成功的先辈。到了他爷爷这一辈，过继到他们本家的另一支。爷爷，字颖，王文墀的记录用了“以豪迈称”来表述；而到了他父亲这一辈，只用了“字，冠周”三字。在家谱里，关于他的父亲，也只是记录了生辰卒年。

李汝谦的爷爷、父亲生活的年代已经是外敌入侵、太平天国起义的乱世，他们应该是继承了李氏家族耕读传家的家族传统，是一般的读书人，但一生平淡无奇。李颖娶杜氏，李冕是唯一的儿子。李冕先后娶三任妻子。在以男性为主的专制社会，男人可以根据经济条件，娶妻纳妾。妻子为正房，如果妻子在，再娶回家的只能叫姨太太、偏房或者是妾。如果妻子早亡，再娶，则还是正房，称之为续弦。李冕，活了 51 岁。先后娶妻三位，第一位张氏，很早去世；又娶一位张氏，生了两个女儿，一个儿子；张氏亡故，最后又娶一位刘氏，生了两个儿子，二子汝谦，三子汝誉。

几千年的专制社会，中国女人实在可怜。基本上都没有留下自己的名字。家谱中提到，要是从父亲这边写进家谱，一般是“适某某”，也就是嫁给了什么姓。如果是从夫家的家谱里提及，一般是“娶某某”，就是娶了一个什么姓。女人在家谱里要是有一点什么荣光的话，那要看丈夫是否做了什么官，妻以夫贵，妻子按照丈夫官职的大小接受皇帝的诰封，在清朝从一品到七品，妻子依次的封号为：一品夫人、夫人、淑人、恭人、宜人、安人、孺人，比如李汝谦提到他的先高祖母黄润就说先高祖母黄太恭人，恭人属于官四品的太太。

李汝谦的生母为刘氏，李汝谦还有一位胞弟叫汝誉。这样，李汝谦同父异母的兄弟姐妹，一共 5 人，两位姐姐，一兄一弟。

李汝谦的两位姐姐也是很不幸。大姐早亡，二姐很早守寡。直到李汝谦去世，他的二姐还存活于世，此前，他一直在经济上照顾这位早年守寡的姐姐，直到他去世前，还在给家人尤其是未成年的儿子叮嘱，要继续关照这位二姑，别让她流离失所，老无所养。

李汝谦三兄弟感情深厚。最早在他的《螺楼海外文字》中读到“父母无存兄弟散”的时候，知道他有兄弟，并且散了，可是怎么散的，散到哪里了呢？不解。在看了家谱后，也终于确信他有兄弟的事实，但是这两位兄弟哪里去了呢？也是不解。直到看到墓碑碑文，谜团终于解开。

作为后人，我们要感恩王文墀先生，在撰写李汝谦墓碑时，不惜笔墨，为我们后人提供了那么多有关李汝谦的诸多信息。

碑文中，我们对李汝谦三兄弟的基本情况有了确切的了解。大概是在李汝谦留日期间，大哥汝讷带着弟弟汝誉在东北吉林谋生计。这是不是与当年山东人闯关东的时代大背景相关呢？汝讷、汝誉应该是接受了较好的私塾教育的，王文墀碑文中写到，汝讷是“宦游吉省，郁不得志”。

弟弟汝誉很是不幸，在吉林染疾去世。

李汝谦回国后，在他的帮助下，将哥哥汝讷一家从吉林搬回山东，既然把哥哥调回家乡，估计是以他当时的人脉关系，给哥哥安排了“历任兰山、沂水知事”的职务。

汝讷的性格也是那种耿直、清高一类的官员，在知县的位置上离职了，“去官后，退隐燕市，悬壶自给”。汝讷比汝谦至少要大几岁，因为汝讷是张氏所生，张氏去世之后，李冕再娶刘氏，生了汝谦，这中间恐怕需要几年时间。

汝讷的身体怎么样？没有交代，但是到了晚年，身体大抵也不很好，因此，在得知弟弟汝谦的病情越来越重之后，汝讷积忧成疾。而接到弟弟汝谦病故的噩耗，汝讷一病不起，很快也去世了。这是发生在 80 多年前的事了，但是，每每读到这一段文字，我们的内心都是十分感动。这是多么深厚的兄弟情啊。

李汝谦去世在 52 岁左右，汝讷的寿命不会超过 60 岁。

25. 生命中的三个女人

李汝谦先后娶了三位女人，并一起在北平东城净土寺 7 号院生活多年，相安无事，直至李汝谦去世后，三位女人仍然平静地生活在一起。

这三位女人，严格地说，是一妻二妾。岳母则习惯称她们为奶奶、东屋奶奶、西屋奶奶。岳母的记忆里，她的奶奶是家里的总管家，每日忙前忙后，而两位东、西屋奶奶，则天天关在自己的屋子里，大门不出，二门不迈，饭好了，给她们送进去，很少见她们出来。

中国的妻妾制度直到民国时期，在法律上才向西方看齐，明文规定实行一夫一妻制度，但是真正结束，严格执行这项制度要到 1949 年之后。民国时期，国家动荡，加之妻妾制度沿袭已久，对于许多既成事实，也是听之任之。因此，民国时期许多达官贵人一直保持了纳妾的旧习。文化的惯性有着极强的生命力与韧劲，直到今天，所谓的包二奶、养小三，均可看做中国历史上男人纳妾的习俗延续。

李汝谦的一妻二妾中，岳母的奶奶是妻。妻是正房，在等级森严的封建社会，妻子的地位要比妾的地位高许多。因此，过去对于妾有许多称呼，比如叫姨太太、偏房等等。

李汝谦的妻子——岳母记忆中的奶奶，名叫李玉贵，精明能干，但是这个妻子的地位是从一开始就有的，还是因为其他两位女人没有生子，自己有了儿子后扶正的，不好说。

岳母的父亲李亚如出生于 1918 年，是年，李汝谦 40 周岁，可谓中年得子。按照中国历史上早婚早育的习俗，假如李汝谦在 16 至 18 岁之间结婚，那么他的结发妻子至少年龄在 17 至 18 岁以上。过去男子娶妻，一般女方要比男方大几岁，民间有女大三抱金砖的说法，这个说法当然缺乏科学的依据，事实上，可能是，在这个年龄，女性相对比男性成熟一点，更有益于女性的相夫教子。尤其是对于操持家务、伺候公婆的年轻媳妇而言，年龄大一点，比较得体。

但是假如按照李汝谦 40 岁得子这个年龄推断，那么，岳母奶奶的年龄恐怕已经过了生育期，相反，后来纳妾进房的更为年轻的两位姨太太倒是更可能生子，而据岳母回忆，奶奶身材修长，精力充沛，记忆中奶奶的年龄要比两位东、西屋奶奶年轻能干，这说明，从年龄来看，奶奶可能是小的，很可能比东、西屋奶奶进李家的门都要晚一些。可是她为什么成为正房了呢？

我们的推断是，很可能早年迎娶的第一位妇人有可能早亡，因为作为二姨太的东屋奶奶傅云最早曾经陪同李汝谦东渡日本留学，并且是以“姬人”的身份陪侍的，傅云都不是正房，西屋奶奶更不是，更年轻的岳母的奶奶怎么可能是呢？因此，在正房已经离世，三位姨太太之间，谁生儿子，谁扶为正房，是符合常理的。当然，也还有一种可能，在两位妾的身份已经确定的事实面前，妻子过世之后，直接娶进一位年轻女人作妻也是可能的。

26.“姬人”傅云

在李汝谦的三个女人中，有一位叫傅云的，唯一留下了一张照片。这是在照相馆内拍摄的。照片中的女人，头发高高盘起，穿着棉袍，一手拿了手绢，一手拄着雨伞。那时候照相还是新鲜事，照片中女人的表情显得有点拘谨，但装束已经算得上时尚了。我们是在文津街的国家图书馆查阅李汝谦《螺楼海外文字》一书时看到照片的，翻开书页，第一页是李汝谦戴着礼帽、系着黑色蝴蝶领结的人头照，第二页就是这张照片。这个女人是谁？随着我们阅读的深入，谜底渐渐打开，毫无疑问，照片中的女人就是李汝谦《螺楼海外文字》中几次提到的傅云。

傅云与李汝谦是什么关系？起初我们作种种猜想，也曾求证岳母回忆，岳母说，样子像东屋奶奶。但岳母当时年龄尚小，回忆不一定完全可靠，最后在王文墀撰写的碑文中，我们终于找到了答案，在写到李汝谦留日一节时，王文墀写道“姬人傅云随侍，写而影印时，有双璧之目，亦韵事也”，看到这里，我们恍然大悟。“姬人”是文人笔下对妾的雅称，至此，傅云应该是东屋奶奶，确切无误。

当年的出国留学生中，有条件带女人陪读的不多。李汝谦携傅云一同东渡日本，这在当时实属开放、大胆之举。

1907 年，中国女人还在裹脚。“五四”以后，才开始提倡放脚，即便是逐渐出国留学的个别女人，大多数生活在开明家庭，不再裹脚，这些女人开始像男人一样，留学西方，接受现代教育，有的夫妻一同留学，传为佳话，比如钱钟书、杨绛夫妇，梁思成、林徽因夫妇、吴文藻、谢冰心夫妇等等，但在“五四”以前，男人出国，带上小脚女人，不仅不方便，而且还要顶着被外国人耻笑的压力。而李汝谦带上傅云，在日本生活四年，这真需要一定的勇气。

李汝谦与傅云在日本生活的四年，恐怕是他们人生当中十分温馨的一段日子，至少对于傅云而言，这段时光可能是她最难以忘怀的。

也许是到了异国他乡，两个人的生活是温馨的，是耐人回味的，不然李汝谦不会把傅云的照片放在《螺楼海外文字》一书的前面，这是对那段生活的美好记忆吧。

在这本唯一的个人文集中，文中多处提及傅云。从李汝谦的记录中可以看出，傅云不仅是“随侍”，而且，在日本的一所“实践女学校”就读。什么是实践女学校呢？估计就是类似于培养家庭手工之类技能的学校。李汝谦在《游稻毛记》的一篇游记里提到，这年春天，傅云所在的实践女学校一千几百名学生，组织一次春游，李汝谦因为傅云在学校里学习的缘故，应学校下田先生之邀，与傅云一同参加了这次活动。李汝谦对这次春游作了详尽的描述。此外，他在其他诗文中记录了与傅云观赏樱花等活动，傅云在女校应该学了刺绣这样的技能，李汝谦就傅云的刺绣作品老虎、螃蟹均配有小诗，如在《题画》所做的题记中写道“卧虎，傅云所绣制也”，正文如下：

文采虽已具，爪牙空复张。怜君甘偃卧，失性恐非祥。

二发不能中，机心徒自棼。藏弓勿轻试，请视故将军。

又：稻蟹

横行终不出泥淖，一饱还须谋稻粱。任尔黄金满腰橐，人前犹自说无肠。

可以想象，李汝谦写下这些诗句时，心情是极其放松的，甚至可以想见，在他一挥而就这些诗句时的那种好玩、得意的心情。

李汝谦和傅云在日本有过一个儿子，这在他的两首诗里均有记录，如在《生子阅月与室人谋所以教育之法感而赋此》中写道：“中年哀乐不禁感，客里添丁喜欲飞。母教偏能谙世局，商量为置海军衣。”

李汝谦在日本得子，其喜悦心情可想而知，“客里添丁喜欲飞”，这句诗非常贴切地表达了他的那种兴奋之情。正在这个时候，李汝谦收到远在国内的两位好友的信函，信中告诉他，他们也都得了儿子，这真是让人高兴的事。

诗人就是诗人，喜怒哀乐都会通过诗歌来表达自己的情绪。收到朋友来信后，他提笔在诗的《题记》中兴奋地写到：“孙笠塘副贡、许佩臣大令先后生子以函来告，适余亦有添丁之喜介乎其间，喜笔书此。”

这是发生在他留日期间的事情，“客里添丁”讲得很清楚了。但是，这个在日本出生的儿子哪里去了？他在后来的诗文中不再提及，恐怕是夭折了。

27. 中年得子

李汝谦一生仅有一个儿子，也就是与岳母奶奶所生的儿子。

这是李汝谦回国7年以后的事，这个儿子叫李亚如，出生于1918年2月11日即农历正月初一，病故于1980年1月2日。

1931年，李汝谦去世，李亚如这一年13岁。

李汝谦中年得子，作为唯一的后代，他对李亚如恐怕是宠爱有加。而在他去世后，岳母的奶奶对他更是百般呵护，十分溺爱。李亚如自小在北平接受了良好的教育，抗日战争爆发前在日本有过短暂留学经历，1943年毕业于中国大学，精通两门外语。按照早生贵子的习俗，16岁这年，李亚如成亲，迎娶了比他长两岁的妻子闫淑贞。一年之后，也就是1935年，岳母李荣出生；再一年之后，岳母的弟弟李宗济出生；1940年，最小的妹妹李英出生。

李汝谦走后，留下不少家产，虽然生长在一个动荡的年代，但作为一个家庭，生活在北京净土寺7号院的他们，生活稳定，衣食无忧。岳母童年的回忆里，在净土寺7号院这个古树参天、前后三进院的环境里，留下与弟弟在院子里捉迷藏、捡大枣、奔跑玩耍等美好记忆。

李亚如当年太年轻了，不到20岁，已经为人父的大男孩，家境优越，风华正茂，还没有经历过生活的艰难与苦涩，虽然家里没有了父亲的遮风挡雨，但是，父亲留下的家产，还足以应付家庭的日常生活开支。因此，不知愁滋味的他，没钱了，就问母亲要，20岁后，在净土寺7号院，他又先后娶进两位妻子。此后，家庭平静被打破，动荡的岁月，复杂的家庭结构，7号院的日子如雪上加霜，家境迅速衰败。

自李汝谦1931年去世到1949年解放前夕，李汝谦的遗孀，也就是岳母的奶奶，为了维持一家人的生计，在没有经济来源之后，先后靠卖字画、卖地、卖房来勉强维持，直到最后，实在没有东西可卖了，只好将7号院房子卖出，一分为三，分家各自过日子。前后不到20年时间，李汝谦在北平辛苦建起的家业，彻底败落，终于归零，什么也没有留下。

家败起来，真是太快了。岳母回忆起来，平静地说。

1949年之后，新婚姻法颁布，严格实行一夫一妻制。李亚如与其中一位结婚，从此，他的三位女人，各奔东西，互不往来。

李亚如，因为出身不好，“文革”期间吃尽苦头，一度被强制安排到京郊的顺义县农村劳动。

李亚如与第一位妻子闫淑贞生有一儿二女，与另外两位女人生有三子七女。

第一位妻子闫淑贞受出身连累，“文革”中遭受不少苦难，但因心地善良，热心助人，与邻里相处和谐，免受不少皮肉之苦。闫淑贞身边还有一位被后人称作闻大妈、闻姥姥的特殊女人，值得一提。

闻大妈身材细高，年轻时因遭受丈夫虐待而偷跑出来，在李家帮佣，以自己的善良、勤劳赢得了岳母奶奶、母亲的同情与信赖，在岳母奶奶去世后，岳母的母亲闫淑贞在后来数十年的艰难岁月里，与闻大妈以姐妹相处，一生相依相伴，而闫淑贞的三个子女以及三个子女的子女们，均将闻大妈当作亲人，有家人吃的，就有她吃的，有家人穿的，就有她穿的，同甘共苦，不离不弃。

值得李家人欣慰的是，即便在解放初期、“文革”浩劫期间，受家庭出身影响冲击最严重的时候，李荣、李宗济、李英三兄妹，在各自相继成家立业之后，凭着他们微薄的收入，在养育各自子女的同时，除了将没有分文收入的母亲闫淑贞、母亲的母亲接在身边而外，仍然将闻大妈接在身边，共同度过最艰难的时期。而三兄妹也是相互体谅、相互帮衬、相互惦记，直到现在，他们离休、退休，其乐融融，安享人生的幸福晚年。母亲闫淑贞以她的勤劳、善良、宽容一直影响着这一大家人。

闻大妈去世后，最终与她生前的女主人闫淑贞相依相伴，永远长眠在京郊万佛园一处安静的墓地里。

28. 面目全非的北京净土寺 7 号院

净土寺是北京的一个地名，也称作净土胡同。

到了东城区鼓楼南、北锣鼓巷附近打听，老北京都知道那是进入北锣鼓巷中段向西的一条很窄的胡同。岳母从出生到 1949 年，在这里生活了 14 年。

2017 年春节大年初四，我们驱车从北二环进入北锣鼓巷，净土寺胡同太窄了，我们只好将车暂停在北锣鼓巷拥挤的道路边，步行进入净土寺。净土寺由东向西数，胡同两边，北边是单数，南边是双数，从把边的 1 号数到 7 号，就到了岳母最近经常提及的净土寺 7 号院。

童年的记忆刻骨铭心。刚进入净土寺胡同，岳母就指着 1 号院斑驳的大门与几级陈年的大理石台阶说，这个台阶没变，还是当年的样儿。来到 7 号院，她站在两棵大槐树下，左看右看，仔细辨认，像是自言自语，说：两棵大槐树还在，可是当年的大门呢？石狮子呢？她看着 7 号院杂乱的入口处与另一边写着“九月幼儿园”的红色大门，她其实很清楚，这里早已面目全非。幼儿园的大门两边倒是还有两座石狮子，不过，那显然是新安上去的，由于正是春节，幼儿园的大门紧紧锁闭，只有一棵铁栅栏围着的古槐树上方挂着的一个小牌子写着的古建筑保护提示语仿佛给我们以启示：这里与历史的沧桑岁月有着某种神秘的联系，此外，这里早已看不出任何历史的遗迹。

历史是很容易被抹去的。人们常说，物是人非；其实更多时候，物也变了，人也没了，物不是，人亦非，应该更符合实情。

面对眼前的情景，在岳母的记忆中，保留下来的只有两棵古槐树。以古槐树为坐标，岳母确认 7 号院门牌号就是原来的地方。只是原貌变化太大，记忆中的 7 号院已经没了。沿着 7 号院门牌号一条窄窄的小道，岳母走在前头，就像一位老主人领着我们回家。

刚进院子，道旁卧了一只懒洋洋的小白狗，我们起初担心就像通常人家的看门狗一样，会对我们这些陌生人发出不友好的叫声，我们小心地从它面前经过，它的反应倒像是司空见惯了的冷漠，它那双空洞无神的目光甚至懒得看我们一眼，或许，这里密密匝匝住了这么多的人，每天进进出出的，它实在是目不暇接、习以为常了。谁知道这里居住的到底是老北京呢还是外地租客呢?

岳母领着我们往前走，不时停下来，左看右看，有时候还停下来探头往窗户、门缝里看。

不管出于什么原因，这些历史悠久的老北京四合院的住户，真是将寸土寸金的四合院上的平地使用到了极致。小道两边全是垒积木一般不同时期建成的简陋房子，或者说，房子就像麻袋上一层层打上的补丁。走近这种地方，让人有种透不过气的感觉。即便如此，简陋的建筑物外墙的显眼处，粘贴了各种买房租房的小广告。已经没有院子的四合院，现在是炙手可热，据说，一处完整标准的老北京四合院，值几个亿，面对这种黄金地段老房子的翻修改造，其天价的搬迁费，也让政府部门左右为难。说实在话，我们对这个四合院相当失望，它早已失去了老北京四合院应有的建筑规范与天人合一的传统神韵，实事求是地说，这已经不是四合院，连四合院的影子都找不着了。

从7号院出来，岳母也是一脸的遗憾、心疼与失望。岳母话不多，只是自言自语式地说，怎么变成这样了?

走出7号院，岳母又仔细辨认两棵古槐树，就像面对久违的老朋友。其中一棵，围上铁栅栏，保护了起来，树身还挂了一张小绿牌，上写“古树”和落款单位；另外一棵，树身有一块火烧发黑的痕迹。岳母抚摸古树，心疼地说，这两棵大槐树，总有几百年历史了，小时候就这么大，几十年了，还是这么大，槐树长得很慢。她说，到了春天，一树白色槐花；夏天，满地荫凉。大树往东，5号院，是吴佩孚的家，小时候，吴家总是大门紧闭。1940年，日本占领北平期间，吴佩孚因为一次牙疾，死于日本牙科医生之手。吴佩孚的死因，虽然说法不一，但作为知名人物在日本人占领期间，不愿意与日本人合作，最后死于日本人的伤害，这个说法也符合逻辑。

29. 一个从感情上告别的“家”

岳母是在 14 岁那年，也就是 1949 年，搬离 7 号院的。那是家里留下的最后一栋院子，也是最后一份祖产，此前，该卖的都卖光了。那一年，奶奶去世，家里主事的长辈走了，父亲和娶进来的三房一家大小，十几口人，都张嘴等着吃的喝的，日子过不下去了，这时候，就把这个院子卖了，一分三份，从此，岳母跟着母亲带上闻大妈、弟弟、妹妹用卖房分到的布匹，在南苑机场买地和在东城区租房子维持生计。好在，不久，岳母考上公立中学女二中，早早住进学校并很快独立，弟弟也早早进工厂当学徒也开始自食其力。

自从搬离 7 号院，岳母再没有踏进这里一步。虽然岳母常年生活在北京城，而且她曾经工作的教育部门，离这里并不远，但大半个世纪过去了，她很少到过这里，即便有时候可能经过，她也有意无意地绕道经过。她对这个 7 号院，心情是复杂的，某种程度上说，更多是伤心的。虽然历史早已翻篇，她父母的那一代人也都入土为安，但作为那个时代一个特殊大家庭走过来的，自己又作为长女，至今回忆母亲受到的复杂婚姻所带来的屈辱与暴力，岳母眼眶里依然会涌出泪水。岳母是一位非常善良、宽容、善解人意的人，但是，童年的记忆太刻骨铭心了，岳母很少谈起这样的伤心事，如果不是写作这部书，必须了解这段历史，我们其实也不愿去触碰岳母的这段伤心历史。几次谈起这段往事，让我常常想起巴金先生创作的《家》，那个让巴金先生一辈子愤怒的所谓的家，其实是一个封建大家庭的缩影。

作为那个时代成长起来，又接受新文化教育的青年，岳母也像那个年代的大多数进步青年一样，从感情上是下决心和那个时代的阶级、家庭、封建文化决裂的。

早在北平解放前夕，1948 年，也就是岳母 13 岁那年，她就在北京女二中，加入了中国共青团，解放后，又很快加入了共产党。入团的介绍人，是她的同班同学崔瑞芳，崔瑞芳后来成为著名作家王蒙的夫人。

家败之后，在 7 号院生活最困难的时候，家里除了存储下的一点旧粮，连买油盐的钱都没有了。岳母和弟弟很快面临要考中学。李家传统历来重视教育，但在当时环境之下，读私立学校，要交两袋面粉，只有考上公立学校，才可以学费全免。母亲对她和弟弟说，家里没钱没粮供你们上学，你们谁考上公立学校，谁上。那时候公立学校是男女分开的，男校简称男一中，女校简称女二中。岳母考上了女二中，初中毕业，又考上北京师范学校，并因此一生从事教育工作，最终在北京教育学院领导岗位上退下来。

在艰难的岁月里，岳母的弟弟李宗济很早便出去工作了。1949 年 7 月，年仅 13 岁的他就进入华北革命大学印刷厂工作，并且从学徒干起，工作出色，1959 年被评为全国财贸工业战线的青年突击手，同时被授予北京市劳动模范荣誉称号，参加了当年的劳模大会。之后，被保送到北京机械工业学校学习三年，毕业后分配在北京市机械局系统工作，长期担任国有大中型企业的厂长、副总经理等职务，直到离休。

岳母的妹妹李英也很争气，靠自己的努力，先后考上军护和医学院，在医生的岗位上曾多次被评为先进工作者，后被评为副主任医师，被司法部授予一级警督警衔，退休在保定，安享晚年，现在一切都挺好的。

时光匆匆，一晃大半个世纪过去了，岳母今年 82 岁。从 1935 年出生到 1949 年搬走，岳母和弟弟、妹妹的童年时代都是在这里度过的。

也巧了，我们在 7 号院门口遇到一对到此“怀旧”的母女。母亲上了年纪，女儿已是中年。看到她们在 7 号院好奇地观望，我迎上去问，你们对 7 号院好像很熟悉呢？

中年女子自豪地说，她 1961 年就出生在这里，她的一家“文革”前后一直生活在这里，她的童年、少年是在这里度过的。

她反过来问，你们也在这里生活过吗？

我指着站在不远处的岳母介绍说，那位老人家 1935 年出生在这里，一直到 1949 年才从这里搬走，这个院子以及院子西边的甲 7 号院都是她家的，她的爷爷1920年之后就在7号院了。当年这里可是一个三进大院子。女子听我这么介绍，表现出很吃惊的样子，没有再多说话，挽了他母亲的胳膊悄悄离开了，一直消失在净土寺胡同与北锣鼓巷交接处。

净土寺7号院，中华人民共和国建国后是什么样？“文革”期间又是什么样？原来的院子是什么人改造的，什么人搬进来的？怎么搬进来的？

我们从7号院来到隔壁的5号院，按照岳母的描述，这里曾经是吴佩孚在北平的原住址。不过，这里的四合院也已经早消失了，原址建起的四五层矮楼，一看就是上世纪80年代以前的单位住房，阳台很小。春节期间，也许很多人外出了，这里倒显得静悄悄。岳母说，吴佩孚家很大，7号院北墙外还是吴家花园，这些早都拆掉了。我们询问路边行人5号院旧址时，人们只知道这里就是5号院，但没有人知道这里曾经住着大名鼎鼎的吴佩孚。人们只知道他是一名大军阀，却不知他又是一位具有民族气节的山东籍军人。

李汝谦与吴佩孚做邻居，也许是巧合，也许因为是山东老乡的缘故，而且交情一定不浅。

30. 梦里依稀 7 号院

7 号院，不是一般的四合院，而是自南往北，共三进院。

这个院有多少年历史？不清楚，在李汝谦手上买下，只是经过了修缮，从院子前后的古树看，已经很有一些年头了。李汝谦自 1927 年辞去黄县县令之后，他对这个园子进行了精心打理，并从此安静下来，如王文墀碑文里写到的："息影北平，自是，不复出矣。于北城构庐、种竹、莳花、诗酒谈谯以自遣。"李汝谦在这里度过了他人生最后的安宁时光。

岳母根据自己的记忆，在一张 16 开的白纸上，为我们绘制了一幅 7 号院草图，并对着草图，做详细介绍。

7 号院大门左右两侧，临街是一排 10 多间的砖瓦房。高大的大门两侧，有两尊石狮子，走进大门，迎面是一方影壁墙（北京话叫影壁儿）。影壁墙东西两侧向南错开一两米宽，各建有一堵砖砌花墙，既起到内外有别的隔离作用，又有透气的效果。这样，花墙与临街房之间，就隔成了两个小院，从大门进入临街房，都从小院子里进出。

西边小院子的几件临街房，主要是供在家里干活的长工居住，后来，把这几间房子出租给了一个教书先生一家九口，拥挤而热闹。该院子西北角有一间厕所。

东边院子一般闲着，临街房一部分用作存放牲口饲料、农用具，另外一间供从南苑那边拉货过来的骡马歇息。骡马有时候也在东边院子里歇脚，在这个院子的东北角，有一棵大枣树。

穿过影壁墙，是一个很大的前院。院子正北，是客厅与书房。院子西头贴墙的一面，是错落有致的假山；靠近假山以东，挖了一条浅浅的花池，种了一排丁香树，丁香花开的时节，满院子飘着花香。院子的东头，又是贴墙盖了一排高出地平面的砖瓦房，进入这一排房子，要迈几级台阶，穿过一扇月亮门。岳母说，小时候，经常和弟弟在这里捉迷藏、疯跑，有一回，摔倒在台阶上，掉了两颗门牙。

客厅、书房很大，里面四梁八柱，四面墙上挂了许多字画。爷爷去世后，每年秋天，奶奶和母亲都在这里拉上一根又一根绳子，在绳子上晾字画。字画一直收藏在奶奶卧室的两张大牛皮箱子里。晾画的时候，奶奶和母亲，将卷轴一件一件小心摊开，挂在绳子上，晾好以后，再一件一件收起来，装箱归位。每年晾画，都是一件庄严的大事，奶奶和母亲要轮流守在客厅，外人是不能进入的。

客厅的东边，有一个进入正院的走廊。这个走廊其实也是客厅整体建筑的一部分，只是为了前后院通行的便利，又不至于打搅主人在客厅的会客、读书。客厅正门正对着的还开了一扇北门，靠近北门有一扇巨大的屏风，通常只有主人才会在这个门进出。从客厅东边的过道向北，走到头左拐又是一个小院子，与从大门进入临街房两旁的小院子一个道理，也是起到主人生活区与客厅之间的隔离效果；这个院子很窄，由于一年到头难得见到阳光，地上长满了青苔。

穿过客厅北门，再往北，又进入一个四合院，这是一家人的主要生活区。这也是我们印象中的四合院。

四合院，顾名思义，要四面都合上：北为正房或上房，北京人至今买房喜欢的正南正北，就是指的这种坐北朝南的房子，阳光充足，南北通透。在正房前面，一左一右，再起的房子称作东厢房、西厢房。正房一般住的是长辈或者大太太，东、西房住的是子女或者姨太太。所以称作女人为正房、偏房的时候，也可以根据住房位置的重要性看出家庭成员地位的差异。这样，从建筑学上看，正房、东西厢房，再加上正南面的客厅，就构成了真正的四合院，四合院套四合院，这是中国北方地区尤其以北京为典型的有钱人家的建筑布局。故宫其实就是四合院建筑思维的有限放大。

岳母打小一直和奶奶、母亲住正房。奶奶住西头，岳母、弟弟和母亲住东头。奶奶西屋西北角，有一道夹壁墙，里面是一道暗室，长年存放的是面粉，里面因为干燥、阴凉，面粉储藏在里面，多年不坏。夹壁墙外人看不出来，平时是从屋顶垂直下来的一副四条屏字画挡着的，挂轴一直垂到地面，与墙壁严丝合缝，看不出里面还有暗室。从里面取面粉的时候，要将一边的条案搬开，再把挂轴取下，这都是家里最信任的人才知道的。在最困难的时候，这些面粉成为比黄金还珍贵的东西。

岳母作为这一家的长孙女，自小受到奶奶的宠爱。一大家人吃饭，有时候要单独给奶奶吃小灶。所谓小灶，也就是在小锅里单炒一道菜，奶奶的“特供”通常也会让这位长外孙女尝几口，解解馋。在奶奶的屋子里，有一张躺椅，岳母中午或者想安静的时候，就进来躺一会儿，头顶上，侧面墙上，她记忆中有几幅字画，上面落款“一山”。虽然没有见过这位爷爷，但是她知道，爷爷会画画。

在正房的北面，又是一个后院。通往最后一个院子的通道，建在正房的东边，也是正房的建筑向东延伸出来的过道，进入北院沿东边院墙，自南往北依此是厨房、粮仓、厕所。北院还有两棵大枣树。这两棵枣树，与前院品种不同，前院的长出来的枣子，要晾干了才甜，而北院枣子从树上摘下来，就又脆又甜；前院的枣子，只能用来蒸枣糕，熬稀饭，生着吃，口感是不好的，所以，在枣子成熟的季节，一旦晚上刮风下雨，岳母便和弟弟一道，冲到树底下捡枣子吃。

岳母至今仍然十分喜欢花，养花、爱花，这在李家是有传统的。李汝谦的曾祖李廷仪，活了90多岁，自称惜花老人，80多岁时，还经常自己动手，莳花弄草，著有《爱山堂诗集》。据李汝谦的记录，他在济宁的老家，院子里种了许多菊花，为几代人所爱。李汝谦在客厅前种的是丁香，起居室院子里东西两侧对称种的分别是海棠与无花果，院子中央的一个花池子里，养的是荷花。一年下来，从春天到秋天，整个院子里都是花果飘香。

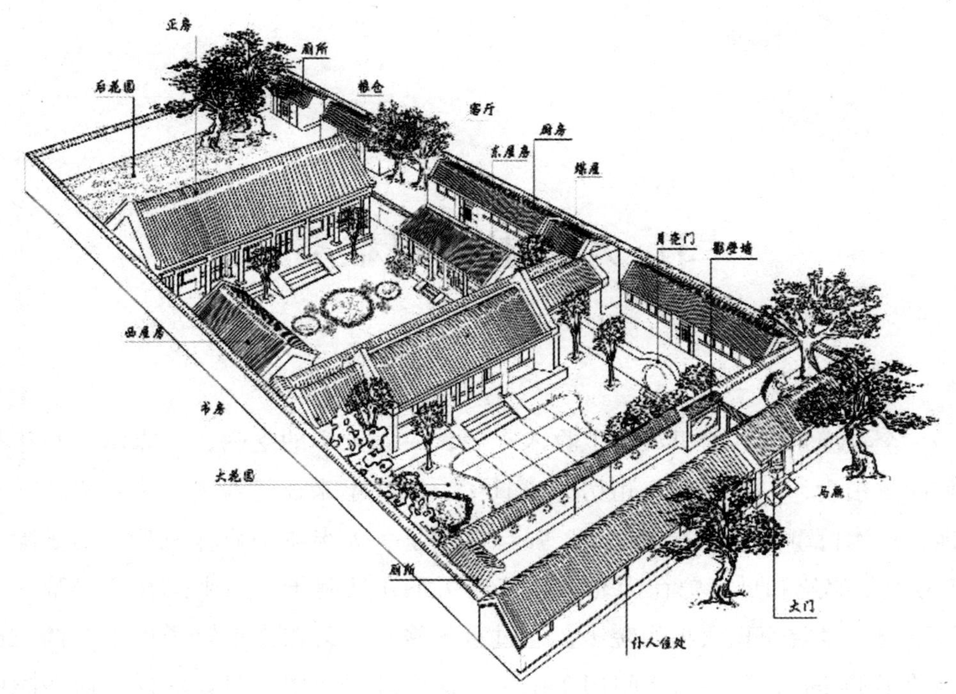

净土胡同 7 号院是李汝谦在北平的住所，他的孙女李荣、李英，孙子李宗济在这里度过童年。李建维制作。

31. 大院里的艰难岁月

李汝谦走后，家里没有了收入来源，一家大小的吃喝，一靠南苑每年夏秋两季粮食，二靠向外出租房子过日子。家底本来还算厚实，南苑有 430 亩地，卢沟桥事变，日本人来了，强行占领了一大半耕地修作机场。房子除了 7 号院，奶奶和母亲曾在南北锣鼓巷还买下几处院子，后来又在 7 号院西边买下与 7 号院面积大小的院子，经过重新修整，又在三个院子里南北西三面各盖了 13 间房子，共 39 间用于出租，这个院子叫甲 7 号。这样一家的吃喝主要靠房租。

但是，抗日战争期间，房租便宜，即便这样，房租也收不上来，日子越来越紧。家里的房子能租的都租出去了，7 号院临街西头，出租给了一位教书先生一家 9 口，院子里的客厅、书房租给了一位辖区的派出所所长。所长姓王，是为日本人做事的伪所长，因为他租住在这里，日本人没有进这个院子骚扰。王所长脾气暴躁，估计是当了汉奸，不少受日本人的气，也可能是内心压力大，还有可能是没有儿子，总之，他经常打四个女儿。一不高兴，就用竹棍打孩子的小腿肚子，孩子吱哇乱叫，引来别的小孩趴在窗户上往里看，他发现了，用竹棍在空中比划着打的动作，意思是，你们不走开，也要挨打了，孩子们于是迅速跑开。在这个院子里，他有了第五个孩子，是男孩。孩子刚一落地，听说生下来的是个男孩，王所长很激动，在院子里的地上连磕几个响头，觉得这是一块风水宝地，给他带来了一个儿子。

日本人占领期间，北平生活十分困难。粮店里定量供应的是一种混合面，是将各种发霉变质的杂粮混合在一起的粉状物，入口又苦又涩，这是连日本的牲口都不吃的东西。但是，对于平头百姓而言，即便这些，也吃不饱。

岳母说，多亏家里有地，又靠奶奶、母亲精打细算，家里总是储存有粮食。有时候，街坊邻居，实在没有吃的了，拿了面盆到家里来“借”面，奶奶、母亲总是交代闻大妈，给人盛满、冒尖，不能让人空手走。

净土寺一条胡同，住的大多数是穷人，拉洋车的、剃头的、做小买卖的，奶奶、母亲和街坊邻居相处融洽。

冬天很冷的时候，有人曾经翻墙到家里厨房偷大煤块，翻墙走的时候，家里的大黄狗发现了，叫着往外扑，奶奶知道院子里进人了在偷煤，但奶奶拉住大黄狗，不让叫，也不让往外扑。奶奶说，大冬天，怪冷的，让人拿去取暖吧。奶奶信佛，心地善良。

日本人占领期间，老百姓生活在紧张当中。岳母回忆，有一回和弟弟到另一条胡同去买作业本，经过一家日本人的院子，里面一个日本男孩，手里拿着一把匕首，突然冲过来。她和弟弟在前面跑，日本男孩在后面紧追。眼看就要追上了，胡同里走出来一位老大爷，突然跺脚大吼一声，日本男孩受到惊吓，才停下脚步，他们总算逃过一劫。

家里后院，到了秋天，荒草有一人高，时常有“五大仙”出没。

在老北京话里，“五大仙”是对猫头鹰、狐狸、黄鼠狼、刺猬、蛇5种动物的总称。在老北京人的习俗里，这五种动物是具有灵性的，故称作“五大仙”，在自己家里发现这些动物，不能伤害它们。

在正房东头过道靠西墙的地方，砌了一间小房，中间有一块大石板，石板上供了香炉，遇到刮风下雨天，它们也可以在这里躲一躲。在院子里，奶奶、母亲几次遇到一条盘着的大花蛇，虽然害怕，她们都要在香炉里点上一炷香，祈求它们说，如果因为家里的孩子不懂事招惹了它们，不要伤害这些孩子。

与“五大仙”和平相处，今天看来，也是老北京人的古老的动物保护观念了。

院子太大，后院外墙上，晚上经常有猫头鹰落在墙头上，睁着一双蓝色眼睛，有时还发出凄厉的叫声，晚上去厕所，大人们都把孩子们叫上。岳母说，大家成群结队上厕所，是一件挺快乐的事。

回首往事，恍若昨日。岳母说，家里日渐衰败，靠房租也维持不下去了，就开始卖房子。直到1949年奶奶去世，很快，净土寺7号院，也卖了。

下　篇

32. 寻找国内孤本《任城李氏家谱》

寻找《任城李氏家谱》，真是一波三折。

我们最初获得《任城李氏家谱》这个信息，是从互联网上的一篇文章《黄易在济宁的儿女亲家究为何人》中获悉的。该文 2013 年发表在《济宁日报》上，文后准确无误地注明："山东济宁《任城李氏家谱》十卷（清）李汝霖编辑，清光绪二十一年（1895）崇本堂木刻活字印本两册。现收藏在南开大学图书馆、美国犹他州家谱学会。"

根据该文注解提供的信息，我们开始打探收藏在南开大学图书馆的家谱情况。

我们起初把这个问题想得很简单，既然这本书收藏在南开大学图书馆，那么借阅应该不难，哪怕付费，只要能看到也好。我们先是委托朋友的一位在南开大学读书的女儿查找。朋友的女儿很认真，在该校图书馆网站上认真搜索，但是没有该书的信息，孩子为了让我们相信她付出过的努力，还把电脑截频通过微信发给我们。

我们在对朋友及其女儿表示感谢的同时，也用微信回朋友说：不对呀，我们查到的出处可是明确无误，讲得很肯定啊，就在南开大学。

我们转而又想，这恐怕是图书馆的珍藏古籍，轻易不对外开放，在校学生可能力度不够，因此，我们又托了单位一位同事，请她问留校教书的同学去试试，结果也没有打听出所以然来。

我们曾经委托过的朋友，做事很认真，又过了一段时间，发来微信说，又通过自己的关系联系了南开大学的管理层，正等回话。同时，又委托某部委的图书馆向国家图书馆打探消息。

朋友的努力真没有白费，他得到国家图书馆的回话，说是国图藏有《任城李氏家谱》的胶片，但是必须持有单位开具的介绍信，讲明查阅的理由，方可预约阅览。

带上准备好的单位介绍信等材料，我们如约来到老北图。

不得不说，国家图书馆和国内众多的大小图书馆，虽然在提供公共服务的管理思路上需要进一步向国际标准看齐，但是也需要承认，国家图书馆的相关职员素质还是比较高的，服务态度也很好。他们在查验了相关证明材料后，很快为我们取出一个小盒子，从盒子里再取出一盘胶片，并帮助我们将胶片装进一个手摇放映机里，演示给我们看。

我们看胶片的过程，虽然为不断发现的新信息而高兴，但是，我们立刻也犯难了。一是一张张胶片这么看，很费眼睛，效率也低；二是，缺乏全局感，想跳过去或者倒回来查看资料，十分不便。而按照规定，不能拍照，不能打印，要这么查阅下去，除非专门核实某一项内容，某一个细节，而对我们来说，《任城李氏家谱》里面的内容是全新的，书中的每一页都重要，每一页都需要认真阅读。但是如果这样阅读下去，300 多页密密麻麻的竖排版，要多少天才能看完？工程量之大可想而知。

也有国图的职员曾经提醒我们说，可以到国图家谱网上查找相关资料，我们查找的结果是没有。

33. 巧遇龚姐妹

就在查阅遇到困难的时候，我们遇到了一位热心人。

这是一位中年女性。我们在国图查家谱，她也在查找。她好像还在帮助外地的朋友们在查找。我们注意到她不断地小声打电话，在通报查找家谱的情况。我们出于好奇，和她聊了起来。她告诉我们，她姓孙，她丈夫姓龚，就叫她龚孙女士，或者叫她龚姐妹。她母亲的祖籍也是山东济宁，她母亲姓李。她在帮助外埠朋友查找的同时，也在查找母亲的家谱。

通过和她聊天，才知道当今有许多人都在寻根问祖，查找家谱。她周边一大批朋友在查找、收集、整理家谱。

她告诉我们，美国犹他州的一个教会，有一个英文网站，可以免费查阅、下载家谱。有了她的热心指引，我们很快在这个网上免费找到了收藏在美国犹他州的《任城李氏家谱》，而就在这个时候，远在澳洲的表弟李辉也打电话告知，中国国内网上有人专门在做家谱、墓碑碑帖等电子版的生意，他先后，在网上买到了《任城李氏家谱》和李汝谦墓碑碑帖的电子版。

我们想告诉他已经获得免费的《任城李氏家谱》，为时已晚。

和龚女士接触几次，慢慢熟悉起来，越发觉得龚女士是一位热心、善良、开朗、心底无私的好人。她告诉我们，她和许多弟兄姐妹都在做家谱，通过做家谱，不仅结交了许多朋友，而且因为做家谱，改变了许多人的性格、生活态度。

百闻不如一见，通过我们参加她们的几次聚会，我们发现，这种改变是确定无疑的。通过做家谱，不仅让许多人安静了下来，而且还让许多人确信这样一个事实：原来我们都是同祖同宗，原来大家都是兄弟姐妹。龚女士说到这里的时候，总是十分动情，她说，过去说我们都是炎黄子孙，那多不具体呀，现在通过寻找家谱，一代代往上倒，最后发现，大家身上流的血，可不都是你中有我、我中有你吗？

她以自己的丈夫为例，说过去先生老在外面吃饭喝酒，一天到晚不着家，婚姻都出现危机了，可是，自从做家谱以后，现在生活规律，烟酒都戒了，在家里除了做家谱，就做家务。人，整个都变了。

当龚女士提到这些的时候，我们看到她注视自己丈夫的目光都充满了爱意。那一刻，我们突然明白：人们习惯上称呼自己的另一半为“爱人”，其实，丈夫或者妻子都只是性别上的角色，而“爱人”一词，在龚女士的表述中，这一刻才是真正意义上的名副其实。

续写家谱的力量如此巨大，这可真是出乎我们的预料。

我一直好奇，中国的这么多家谱为什么到了美国？是什么时候到了美国？龚女士说，据她了解，“文革”时候破“四旧”，不少地方的家谱、旧书都当作“四旧”，整卡车拉走要去做纸浆，当年上海图书馆的一位负责人，把部分资料保护了下来，后来怎么去了美国就不太清楚了。“文革”起来之后，不少有识之士连自己都保护不了，更别说这些“四旧”了。我们从别的渠道获悉，这些大量的家谱，大多数存放在美国哥伦比亚大学东亚研究所，后来作为公共资源放到网上供大家免费查阅了。可是，要把这么多的家谱，一页一页翻拍成胶片，再放到网上，这需要花费多大的人力物力。

《任城李氏家谱》共327页，当我们把这些家谱一页一页打印出来的时候，一共装订了厚厚的两大本。现在，当我们一有空闲时间就打开这套已经被翻阅了无数次的《任城李氏家谱》时，我们仍然有一些惊喜的发现。这本家谱，对了解李氏家族600多年变迁史，具有重要的史料价值。

此后，几次见到龚女士向她表达我们的感谢时，她总说，这是福报。她说，过去许多年，她的生活一直不顺，生活在焦虑之中，现在，她的家庭生活很好，干什么都是顺风顺水，这是她全家人的福报。

找到《任城李氏家谱》，李辉显得十分亢奋，连续几个晚上，都在查看家谱。

李辉把他的发现与成果，通过手机微信发过来，并且得意地征求我们意见，问：他的发现对否？

我们肯定了他的发现，但是心里却想，里面还藏着许多重大信息，等着你去发现呢。

李辉发现了吗？

34. “大槐树”不是传说

你问中国人老家在哪儿，绝大多数人回答说，祖上从山西洪洞大槐树迁徙而来。但由于找不到家谱，没有文字记载，许多人也就是说说而已。

李汝谦后人，也不知道李氏家族来自山西大槐树这样的经历。后人说起，最多也就是祖上说的山东济宁。

《任城李氏家谱》清晰地记录了李氏家族从山西洪洞大槐树迁徙的历史，正是从第一代“移民”李伯川作为始祖开始记录的。家谱中这样写道：“始祖伯川公自元顺帝时山西洪洞县李家村迁居济宁城西之安居镇。”元顺帝是元朝蒙古族第十一任皇帝，也是元朝末代皇帝，他 13 岁登基，也就是 1333 年至 1370 年在位直到去世，在 1368 年，元朝被朱元璋的军队推翻，元顺帝从元大都即今北京退回到漠北草原。

《任城李氏家谱》中对李氏家族迁徙的详细年代未做精确记录，但是从历史大背景看，应当是发生在元末最后几年或者明朝初年。1368 年，是明朝朱元璋登上皇位的开始，史称洪武元年。这也是改朝换代的关键一年。

在中国历史上，有过几次人口的大迁徙、大流动。元末明初是最重要的一次大迁徙，我们许多人所说的祖上来自山西洪洞县大槐树，指的即是这一次大迁徙。

元朝末年，中国大多数地方旱灾、蝗灾、水患不断，民不聊生，史书上记载有多地出现人吃人的惨状，朱元璋等发动的农民起义遍及大半个中国。天灾加上残酷的战争，使得人口骤减。

由于地理位置上的相对封闭，山西在历史上受战争的破坏比较少，因此当元末中原地区荒疫兵乱之时，很少波及山西，山西大部地区也没有发生大的水旱虫灾，风调雨顺连年丰收，同邻省相比社会安定，经济繁荣，人丁兴盛，再加邻省难民流入山西，使山西南部人口相对稠密。

据史料记载，到了明朝初年，河南人口仅剩189万多人，河北人口与河南相当，而山西人口却达403万多人，比河南、河北人口的总和还要多。这就开始了历史上人口的大迁徙。

关于这次大迁徙，民间有种种传说。比如传说，山西人因故土难舍，起初没有人愿意移民，这时候明政府设下了一个弥天骗局。

迁徙伊始，明政府颁告示于三晋：不愿迁徙者，到洪洞大槐树下集合，限三天赶到。愿迁徙者可在家等候。消息不胫而走，不翼而飞，晋北、晋中、晋南的人拖家带口，携儿将女簇拥而来，三日之内，老槐树下呼啦啦集结了十万之众。这时，大队官兵，蜂拥而至，把百姓裹了个严严实实，一官员高声宣布："大明皇帝敕命，凡来大槐树下者，一律迁走！"说罢，官兵先将青壮年带铐上枷，强行登记，强发凭照，一家一户，根绳相拴，如串蚂蚱，十万百姓在刀逼棒喝下，踏上了迁徙的路途……

至今，中国民间仍然有关于"解手"一词的来历及"小脚趾复形"的传说，以至于在冀鲁豫一带，妇孺皆知，人们也似乎是深信不疑。

大迁徙中，移民双手被绑，在官兵的押送下上路，凡大小便，均要向解差报告："老爷，请解开手，我要小便。"长途跋涉，大、小便次数多了，口干舌燥的移民，便将这种口头请求趋于简化，只要说声"老爷，解手"，彼此便心照不宣。于是，"解手"便成了大小便的同义语。

山东有民谣云："谁的小脚趾甲两瓣瓣，谁就是大槐树底下的孩。"传说官兵包围百姓后，怕人逃跑，将每人的小脚趾砍上一刀，以做识记。后来，移民的后代脚小趾甲便成了复形。

上述传说是否可信，无从核实。但是，这次大迁徙充满暴力与血腥，应该是历史事实。

35. 六百年脉络清晰家族史

我们现在能够看到的，是明清两朝济宁任城李氏家族在600多年近20代的发展脉络。家谱记录了李伯川作为始祖，从山西迁往济宁的历史。李伯川之前，李氏家族又从哪里来？是一直在山西，还是另从别处迁往山西，现在已经无从考证。但是即便如此，对于多数中国家族而言，这已经是值得庆幸的事。能把自己的家族、个人的血脉在600多年的演变中叙述得清清楚楚，没有多少中国家庭可以做到。

由于我们看到的《任城李氏家谱》是刊印于光绪乙未年间，是李氏家族第十七代李汝霖牵头重修的，因此这本家谱在对近20代的族谱进行了脉络清晰的整理之后，家谱的重点便放在第九代李维性这一支上，沿着这一支，更加详尽地介绍其后人一代又一代的家族演变。

为什么从这一支开始？我们分析，维性的父辈，上一代，也就是第八代，共兄弟三人，而排行老三的维性父亲同芳生下维性四个兄弟，维性是四兄弟中的老四，但却是家族中最有成就的，家谱记载："庠生，诰赠中宁大夫，例授文林郎"。按照明朝的官职，是四品官，相当于今天的高级干部了。维性是李氏家谱中承前启后的重要人物，也可以说，李氏家族正是从第九代维性开始，开启了李家后来辉煌的历史。

维性（1601—1651）出生于明万历二十九年，卒于清顺治八年，生活在明末清初。而从李氏家谱看，整个明朝，也就是自李伯川从山西迁往山东济宁，整个家族除了在第三代出过一位庠生为读书人之外，这个家族也就是默默无闻的耕读之家，经过八代人，到了第九代，开始崛起。

明清两代，中国科举制度达到顶峰。其标志之一，就是朝野文官均要通过严苛的但也可以说是比较公平的科举考试制度。科举考试的最大优越性就在于，他为中国社会任何一个阶层尤其是社会下层百姓打通了一个公平的上升通道。

维性的幸运不仅在于个人做到了四品高官，而且还在于正是他这一代赶上了封建王朝的改朝换代，更为幸运的是，他和即将登场的他的五个儿子及其子孙们又将赶上一个立国之初颇具活力的清朝和足以傲世的康乾盛世。

人，生不逢时固然可惜可叹，但生逢盛世也并不意味着人人都有机会。

任城李氏家族自第九代始，正是一个优秀的家族，赶上一个好的时代，从此，这个家族也随国运盛而盛，随国运衰而衰。

纵观《任城李氏家谱》，在简单交代了李氏家族的由来后，从第九代维性开始，便开始了更为详细的叙述。家谱的编者也是在九世这一页专门说明道：“自此后为分支之始。”

也就是说，任城李氏家谱，真正是从第十世，即维性的五位儿子开始了一支支的详细分述。

36. 第十世，“祖”字辈五兄弟集体崛起

中国古代讲究多子多福，在农耕社会，具有一定的现实意义：一方面，儿子多，意味着人丁兴旺，人多势大；另一方面，在没有社会保障的社会中，儿子多能够确保父母晚年养老无忧。而从概率的角度看，一家儿子多，取得功名的机会就更大，一家当中，只要有一个能够通过科举考试获取功名，那么这个家族就有可能因此改变命运，飞黄腾达。

家族出现一个取得功名的儿子已经是幸运，而如果有多个儿子，均取得功名，并且连续几代一直这样延续下去，这样的家族在当地就可以称得上名门望族了。

自李维性之后，其五个儿子个个优秀；再往后，好运似乎一直在眷顾着这个家族，此后历经上百年历史，直到1840年之后清朝陷入内忧外患的国家动荡之中，这个家族才开始衰败；即便持续百年的名门望族在逐渐衰败，但是，作为个体生命，济宁李氏家族的每一代人之中，均有天赋秉异的优秀人才脱颖而出。

出于篇幅限制以及围绕李汝谦这一条主线的写作需要，我们将在后面的叙述中，重点把李汝谦这一支的来龙去脉讲清楚。

李汝谦的第九世先祖李维性，生有五个儿子，分别在取名的最后一个字带了一个“祖”字。因为老三名字犯了祖讳，故改名为逊，其他四人不变，依此分别是：显祖、扬祖、逊、光祖、昌祖。

可以想见，由于维性通过刻苦读书，取得功名，并经过一生的努力打拼，方居于四品官这样的高位，他对自己的五个儿子的教育十分重视，也具有了

让子孙接受良好教育的优越条件。五个儿子当中，从读书经历看，有三位是廪生、贡生、庠生，一位是举人；从做官情况看，两位四品，一位五品，一位六品；而从这五兄弟的更多的子孙看，这个家族一代又一代涌现出了许多的廪生、庠生、贡生、太学生、举人、进士，直到十一世、十二世、十三世，从这个家族产生的四品以上官员真正撑起了这个济宁城中的名门望族。

随着一代又一代的向下延续，这个家族的支脉繁茂，人口众多，分布甚广，与李汝谦相关的这一支，从李维性开始，依次是：

九世李维性→十世李昌祖→十一世李时萃→十二世李钟沛→十三世李大峻→十四世李琪→十五世李颖→十六世李冕→十七世李汝谦；

自李汝谦以后，依次是：十八世李亚如→十九世李宗济→二十世李辉→二十一世李沅久皓。

岳母这一代是十九世，依次为：李荣、李宗济、李英。

人们总说，富不过三代，但分析李氏家谱，我们发现，也不尽然，且不说自九世李维性始，李氏家族在后来一百多年数代人中，涌现出了多位举人、进士，高官、富商，仅从李汝谦祖上这一支看，就有连续五代人均为四品官员，也就相当于太曾祖、曾祖、父亲、儿子、孙子都是四品高官，这在中国官场恐怕也是极为罕见。即便是到了曾孙子这一代，仍然涌现出了杰出的六兄弟，再往下，虽然赶上太平天国、鸦片战争，以及从此开始的国家百年大灾难，这一家的后人无论为官为民，为文为商，均捍卫了名门望族的声誉。

37. 十一世，“时”字辈五兄弟龙腾虎跃

李昌祖是李维性的第五个儿子。

家谱上说，他出生在顺治三年，卒于康熙五十六年，按照公历年算，是1646—1717年之间，大约活了72岁，这在当时算是高寿。家谱记录极其简洁，“字振先，庠生。诰赠中宁大夫，天津府知府，事载州志。”在这个十分简短的介绍中，我们知道，他作为天津府的知府，是四品官，而且应该是一位政绩突出的好官，“事载州志”，说明他的政绩是突出的。

李昌祖非常幸运。首先，他的父亲李维性是四品官，从小生活在官宦人家，生活、教育条件自然得天独厚；其次，他作为五兄弟当中的老五，四个兄长个个优秀，而他自己在兄弟当中也是当仁不让、出类拔萃，这在任何一个时代都是令人羡慕的；其三，更为幸运的是，他又生了五子二女，五个儿子也是个个优秀，人人出彩。且不说他后面的人才辈出的孙子、重孙子辈，即便是到他这一辈，亲眼看到自己的家族如此兴旺发达，又生活在康熙盛世这样一个历史大环境之下，他对自己的人生应该是非常满意的吧。

昌祖的五位儿子分别是“时”字辈的：时荃、时荫、时若、时蓁、时萃。

对这五位兄弟也不妨做一简单介绍：老大时荃，为太学生，他的后人有多位太学生，地方官员；老二时荫，康熙时期的岁进士，候选教谕，他的后人有多位太学生、贡生、监生、地方官员等；老三时若，康熙丁酉科副榜，例授征仕郎，其长子为岁进士，多位子孙为太学生、贡生、地方官；老四时蓁，这一支在五兄弟中是最旺的，在朝廷、地方做四品官员有多位，时蓁本人及其两个儿子钟柏、钟沂，钟柏的长子都柱，钟沂的六个儿子，还有时蓁

的重孙子两位，初步统计共 12 位均为四品官员，也就是说一家四代或在地方或在朝廷户部、吏部、刑部任职的，竟达 12 人，而且一门六子均为四品，这真是一个奇迹。不过也正是这一支，在李钟柏去世后，从李钟柏的妻子刘氏开始，与李钟沂一家共打了 49 年官司，涉及四代人。由于李钟沂一支富甲一方，本来是一件普通的家庭民事纠纷，却因为贪腐政治的介入，让案件变得曲折复杂，牵扯出多名朝廷与地方官员，并惊动了嘉庆皇帝。由于案件与本文关联不大，最多不过是李氏家谱史上的一段插曲，在此不表。

老五李时萃在这里需要重点介绍。一是因为他是李汝谦的第十一世先祖，当然，这也是最重要的原因，研究李汝谦，必须得知道他的直系先祖是谁。二是，李时萃除了自己是岁进士，诰封中宁大夫，最高做了三品官之外，他也生了五个儿子，而且五个儿子同样是个个优秀，均作了四品高官。三是李时萃作为昌祖五位儿子中的老五，也做过天津府的知府，与父亲同在一个州府当父母官，就好比今天有人父亲当了某城市的市长，儿子后来也当上该城市的市长，这无论是巧合还是别的什么，总之值得人们玩味；而更为巧合的是，李时萃的长子李钟湄也做过天津知府，一家三代任天津知府，这在中国历史上，恐怕十分罕见。

38. 十二世，“钟”字辈五兄弟冠盖满京华

老四李时蓁一门四代12位四品高官，老五李时萃也是后来居上，一门祖孙四代，除了满门太学生、举人、进士之外，四品以上官员，也在12位以上，分布于四川、江浙做县官的也有数人，用四品专业户，或者冠盖满京华来形容一点也不夸张。多子多福，在这样的家庭真是应验了。

家谱记载，十一世祖李时萃生有五子九女。古代因为对女子介绍更为简单，只写明她们嫁了谁，其他信息一概不知，但是也可以想象，出生在这样一个显赫的人家，其九个女儿所接受的教育教养大抵不差，从门当户对的角度看，嫁过去的人家大抵也不差。

李时萃在乾隆时期做到三品高官。同一时期的著名宰相刘墉比李时萃要晚一辈儿，他与李时萃一家是姻亲关系，李时萃的墓碑便是刘墉所题，原文是：“诰授荣禄大夫体仁阁大学士翰林院编修姻愚侄刘墉顿首拜题。”这是乾隆二十年正月，在李时萃去世三年之后，与四位夫人的合葬墓碑上题写的。刘墉自称“姻愚侄”，说明李时萃是他的叔叔辈，而且是姻亲关系的叔叔辈。李时萃与四位夫人共生有14位子女，家谱中记载，在9个女儿当中，其中二、三、四3位女儿均嫁给了刘姓人家，刘墉所娶未必是李时萃之女，但刘墉家族与李时萃家族有姻亲关系，则是确凿无疑的。

李时萃的五个儿子，根据家谱上提供的信息大致情况是：长子李钟淳，诰授中宁大夫，历任直隶保定府、安州知府、承德直隶州知州、广平府同知、天津府知府，清廉爱民。这在安州志上有德政碑等记载。如今，济宁市中心任城区仍保留有天津府街，这是李氏家族集中居住的老宅，而天津府街应当

是为纪念这三位三代天津知府而专门设立的地名。次子李钟浸，岁进士，诰封奉政大夫，候选同知。三子李钟泌，诰授朝议大夫，户部湖广司员外郎。四子李钟沛，例授奉政大夫，晋封朝议大夫，候选府同知。五子李钟淑，诰授奉政大夫，历任山西平陆县大同县知县，代州、霍州、直隶州知州。

如果加上“时”字辈、“钟”字辈叔伯兄弟几十人，仅十世五支李昌祖以下三代，这个家族已经是一个冠盖满京华的官宦世家、名门望族了。

39. 十二世李钟沛和黄易的友谊与姻亲

李汝谦的十二世祖李钟沛是一位对李氏家族及李汝谦本人产生了深远影响的人。这一影响与他本人从事的文化活动以及与著名金石家、书画家黄易结下的深厚友谊乃至结成亲家有一定关系。

我们古人常说富贵人家，这其中主要强调的其实是“贵”。

贵是什么呢？贵不是官做大了、财富多了就可以贵的，但是贵似乎又必须拥有或者经历过富有。贵，主要是指人格的高贵，它主要是精神层面的。

一般而言，无论高官还是富商，他们在第一、第二代时候，还处于家族创业打拼的初创期，他们的主要精力尚处于积累人脉与财富阶段，只有经过两代三代甚至四代五代的磨砺，他们的后代自小生活在钟鸣鼎食之家，见过了、经历了衣食无忧的生活，再经过良好的教育，内心便油然产生一种与生俱来的从容与自信、内敛与优雅，这时候经过诗书文化熏陶出来的高贵气质便不自觉地从骨子里、从举手投足之间流露出来。富贵是装不出来的。

这种大家庭人家的子弟，经过几代的繁荣昌盛，他们做事的心态相对比较放松，择业比较注重个人的内心兴趣，爱好是主要的，养家糊口则没有那么多的现实压力，几代人留下的优厚家底足以让他们的子弟过上优裕的生活，因此，出于个人兴趣，做官便专心做官，赚钱便专心赚钱，而这样家庭的后代，许多人往往对做官赚钱是没有兴趣的，他们更多时候似乎更关注文化艺术，优游、徜徉于文人、雅士，山水、艺术之间，做自己喜欢的事，交志同道合之友。

生活在曾祖、祖父、父亲以及家族中那么多的四品以上的官宦人家，李钟沛作为李时萃的第四子，他身上便体现出很浓的富贵人家的气质。

他一生没有考中举人、进士，也可能压根儿就没有考，或者没兴趣考。家谱上这样记载："时萃四子，钟沛，字作霖，号守拙。例授奉政大夫，晋封朝议大夫，候选府同知。"

没有参加科举考试，为什么还做到四品官呢？在官本位的环境里，官位是身份的一个标志，富贵人家的孩子没有参加科举，或者没有考中科举，通常可以通过捐一笔钱，得到一定的官位，因此，李钟沛虽为四品，不过是一个虚职，他一辈子没有离开家乡济宁，也没有当过真正的官。他就这么赋闲在家，与那个时代一批出色的文友们，赋诗喝酒，鉴赏文物。乾嘉时期的著名的金石学家与他均有交集。他因为家境优越，为人也是十分慷慨。

在他所交往的朋友当中，有一位著名的金石学家与他关系十分特殊，这人是金石学史上大名鼎鼎的人物——黄易，不仅成为他一生的挚友，而且还发展成为儿女亲家。

论官职，黄易也就是五品，按照当时的薪酬待遇，一年的收入大约 80 两白银。这个收入，加上每年供应的大米，过上小康人家的日子应该绰绰有余，但是，黄易本人又是一个天才的鉴赏家，极爱收藏金石、字画，这样的爱好说白了是要花钱的，可是，黄易哪有这样的经济实力？所以，史书记载，黄易看到喜爱的金石文物，有时候是典当衣物，有时候就是只能看看，根本买不起。这时候，李钟沛在经济上对他慷慨资助，黄易对此十分感恩，后来两家有了姻亲关系，俩人的关系，更是亲上加亲。

李钟沛（1735—1795）长黄易几岁，1795 年在济宁去世，这是在黄易离开济宁几个月之后，正在杭州丁忧期间，得到噩耗，黄易以沉痛的心情写下这首悼念亲家的五言诗：

吊亲家李作霖

别后怜君病，愁肠日几廻。
何期鸿影到，却是讣音来。
痛极不能语，夜深惟独哀。
谁知三月别，渺渺隔泉台。
济上勾留久，论文廿载深。
多君重义气，愧我太清贫。

李钟沛有两个儿子，大岑、大峻。黄易的女儿黄润嫁了老二大峻。

李大峻（1776—1805），做到了兵部职方司郎中加一级，诰授朝议大夫，是四品官。大峻很不幸，29岁就英年早逝。他的兄长李大岑（1774—1814）也是英年早逝。什么病，没有说。过去，像阑尾炎、肾结石或者感冒发烧、伤寒疟疾都可能要了人命。所以，古人，能够顺顺利利活到60多、70岁，挺不容易的。

李大峻和黄润生有六个儿子。过去人结婚早，男孩、女孩15岁、16岁就做了父母。也可以说，自己连孩子还没有当够，就做了父母。

丈夫走了，黄润，这位20岁出头的女人，不仅忍辱负重、含辛茹苦养大了六个儿子，而且教育出来的六个儿子个个优秀，继续延续了李氏家族的奇迹。在以男性为主的封建社会里，女人一生，默默无闻，即便贡献再大，一般连名字都难以留下，在《任城李氏家谱》中，按照当时的习俗，黄润仍然以黄氏称，并没有提到她的名字。家谱中是以丈夫与父亲的男性视角提到她的，在先介绍了大峻之后接着写道："（大峻）配黄氏，山东兖州府运河分府护理运河兵备道易公女，诰封恭人。生于乾隆四十闰十月二十六日寅时，卒于道光四年四月初三寅时。"

今天，如果仅凭家谱这一点记载，我们恐怕很难了解到这位先祖母的更多信息，而通过《续修四库全书》中的《秋盦遗稿》才对她知道的更多一些。在这部黄易的遗稿专著中，一是李汝谦写了一篇《跋》，深情提到这位先太恭人；二是，在整理黄易遗稿计划刊印时，黄润曾为她的父亲亲笔写过一篇《序》。从这些零星的信息中，我们获知，这位先祖母，名字叫黄润，字芳六，也不愧是一位伟大学者的女儿，即便在那样一个年代，黄润也是接受了良好的教育，能书能文，知书达理，大概也是因为她的这种良好素质，才教育出了出类拔萃的六个儿子。

黄润（1775—1824），在她短暂的49岁的生命当中，我们几乎可以说，她用自己的全部生命，培养了六个出色的儿子，当儿子们一个个功成名就之后，她也完成了自己的人生使命。

40. 十三世，了不起的六兄弟

到了第十七世李汝谦，他对自己的李氏家族的辉煌历史总是充满了骄傲，同时，我们也感觉到，他对自己的外曾祖黄易充满了敬意与亲近感。某种程度上，黄易对他的影响更大。在李汝谦的一生当中，尤其是到了晚年，他的许多精力似乎都花在了收集黄易遗存与向这位先人学习当中。这其中，既有个人艺术爱好上的天然接近，同时也不能不说，有一种家族血脉的个人私情。在《秋盦遗稿》的跋中，李汝谦以深情的笔法，回顾了自己的6位十四世祖："先曾祖兄弟六人：长，东壁公，嘉庆癸酉科举人，四川彭县知县，著有《逍遥馆诗文集》《生花榭金石文字记》；次，仲英公，候选府同知；三，楚珍公，道光癸未科进士，四川郫县知县，著有《棣花老屋诗文集》；四，季方公，江苏常熟县知县；五，白楼公，郡庠生，以善丹青名于时，应主河漕替幕，著有《花韵春声馆诗文集》；六，即先曾祖树香公，咸丰二年，权浙江鄞县篆，值枭匪难作，殉身。凡此功名之盛与夫文章气节之着何莫非母教有以致之。（汝谦我）每读家传所载太恭人之淑德懿行，知所以再造吾家者为非倖致，而益推见太恭人之秉承家训，其出自小松先生之贻者为不容没也。"

《秋盦遗稿》是黄易先生的诗文集，这个集子的遗稿在黄易去世之后，一直留存在女儿黄润手上，为父亲出版手稿应该是黄润生前的愿望，她当年把整理好的手稿序言都已经写好了，但是这个愿望拖了几代人都没能实现，直到第十七代李汝谦才得以刊印。能够得到的合理解释恐怕是：一方面，说明当年出版文集太难了；另一方面可能是赶上清末收集出版《续修四库全书》这样一个大好时机，让黄易的文集得以名正言顺地进入官方文库。

李汝谦在《秋盦遗稿》的《跋》当中，主要是站在外曾祖母的角度深情回忆了自己的六位先祖与黄易的血缘关系，因为重点是介绍黄易与自己家族的关系，所以谈到六位先祖，笔墨只是轻轻一带而过，但这个信息非常重要，它不仅讲清楚了黄易与李氏家族的关系，而且寥寥几笔便勾画出了自己六位先祖（曾祖辈）的不凡业绩。

相对于李汝谦的简单描述，《任城李氏家谱》的记载则相对详尽一些。

六位兄弟是李大峻与黄润的儿子，属于李氏家族第十四代，为便于阅读，本文在复述家谱中关于六兄弟的记录时，在忠于原文原意的基础上，会适当做一些语序上的调整与更符合现代人阅读的通俗叙述。

《任城李氏家谱》关于六兄弟（李大峻六子）的记录如下：

李珣，长子，字东壁，号皋庵，敕授文林郎，嘉庆丁卯科副榜，癸酉科举人，历任四川彭县、内江、荣县、平武等县知县，生于 1792 年，卒于 1849 年，享年 57 岁，生有四子一女。

李瑛，次子，字仲英，例封修职郎候选府经历，生于 1793 年，卒于 1829 年，享年 36 岁。李瑛娶妻戴氏，但没有生育子女，唯一的儿子是从大哥李珣那儿过继来的，叫李幼鹤。李氏家族第十五代，六兄弟的儿子辈，取名均为“幼”字辈。

李珙，三子，字恭甫，号楚珍，又号菊泉，敕授文林郎，道光辛巳科举人，癸未科进士，四川郫县知县，生于 1794 年，卒于 1840 年，享年 46 岁，生有一子四女。

李琮，四子，字调初，号恕斋，又号季方，别号蒙庵，敕授文林郎，江苏常熟县知县，勤政爱民，当地老百姓专门为他树了德政碑，放置在常熟县名宦祠堂里面。生于 1795 年，卒于 1849 年，享年 54 岁，有一子四女。在家谱里还专门提到他的妻子是湖南巡抚的孙女，姓陆。

李璿，五子，是一位有个性的著名画家，轻易不为人作画，故很少有画作留下来。字白楼，号次斗，增广生，生于 1797 年，卒于 1846 年，享年 49 岁，有五个儿子。

李琪，六子，字树香，号星槎，敕授文林郎，浙江秀水县县丞，历署秀水、遂昌县知县，接到上级委派带领当地民兵，剿捕鄞县的“枭匪”，与第六个儿子李幼鼐一同阵亡，享年55岁。李琪生于1797年，卒于1852年，共有七个儿子。值得一提的是，其第三子李颖过继给了叔伯兄弟李廷仪。李颖正是李汝谦的亲曾祖。李琪与六子李幼鼐的阵亡十分惨烈，家谱中有详细记载。当时，李琪带兵在前，儿子李幼鼐殿后，在与“枭匪”激战中，李幼鼐发现父亲被敌军团团围住，为解救父亲，他奋不顾身冲进敌军，与敌军搏杀，但终因寡不敌众，与父亲双双阵亡。战斗结束三天之后，家丁李贵在水中找到了李琪的尸首，身上多处中刀，而李幼鼐的遗体未找到。李琪遗体葬在嘉兴，八年之后，李氏族人将其遗骨运回到济宁，安葬于李氏祖茔。李幼鼐阵亡这年，刚好20岁。李幼鼐生于1832年，卒于1852年。李幼鼐有一个儿子，名李学刚。李琪、李幼鼐父子均进入浙江的忠烈祠。古人云，打仗要靠父子兵，打虎要靠亲兄弟。李琪、李幼鼐父子的壮举是对这句话的最好诠释。

41. 国难来了：名门英烈

个人命运总是和国家的命运联系在一起的。赶上国泰民安，大多数老百姓日子至少衣食无忧；而遭遇时局动荡，个人则一起跟着遭殃。

李氏六兄弟个人仕途顺风顺水的时刻，就没有了他们前辈生活在康乾盛世那样的好运气。就在他们人生的中壮年阶段，国家的苦难开始了：他们赶上了中国近代史屈辱的起始，由1840年的鸦片战争引发的外敌侵略，同时也赶上了太平天国等引发的内乱。内乱与外患，李氏家族由此开始走向衰败。而在这个家族命运的衰败过程中，李氏家族当中的多人在国家大动荡中付出了生命的代价。

1852年，六兄弟中的老六李琪在55岁这一年，在宁波鄞县“剿匪”——也就是与太平军作战中，与20岁的儿子，一同战死。

如何评价太平天国，那是史学家们的事情。但是，站在中华民族的立场看，近代以来，国家的多少次内乱外患是民族之痛、国家之痛。中国历史上多次发生的同胞之间的兵戎相见，你死我活，给中华民族带来的教训太惨痛、太深刻了。至今需要我们反思的是，我们如何在国家层面建立起一系列制度，除了抵御外敌之外，在中华民族内部再没有战争。

倾巢之下，没有完卵。国家动荡，谁也不能置身事外。

1852年之后，李氏家族仅李氏六兄弟这一支，便有多人殉难。

李氏六兄弟中，除了老二英年早逝，老五从事书画艺术不曾离开家乡之外，其余四位，两位在四川做县令，两位在江浙当县令；而这四位做官的儿子辈，则大多数也集中在江浙一带为官府做事。太平军来了，江浙又是冲突的重灾区，他们的后人就是在与太平军的作战中，不幸殉身。

李氏家谱在“录纪”一章中，对殉难的李氏族人做了言简意赅的记录。

李幼舆，是六兄弟老四李琮的独子。李琮曾任江苏常熟县令，去世于任上，年仅 54 岁。李幼舆将父亲灵柩送回家乡埋葬后，又回到江苏任职，先是在五龙山看管炮弹，后来调任南京城负责修理河道。咸丰三年（1853 年），太平军水陆两路进攻南京，李幼舆奉命协助候补令裘傅一同防守仪凤门。仪凤门，又称兴中门，是明朝初年京师内城十三座城门之一，位于南京市鼓楼区下关卢龙山（今狮子山）南麓与绣球山之间，是进入南京城的要道，军事位置十分重要。据考，卢龙山麓有龙凤呈祥地势（风水），故建有钟阜门（向东）、仪凤门（向西）两座城门。仪凤门是一座东西向城门，与钟阜门相对而建，南有民国时期开辟的挹江门。民国二十年（1931 年）国民政府改仪凤门为兴中门（意为振兴中华），当时的中国国民党主席谭延闿曾为兴中门题写门额。1958 年至 1959 年，仪凤门在“大跃进”运动中遭遇拆除。仪凤门是南京 20 世纪 60 年代末拆城运动中最后一座被拆除的城门。2006 年，南京市人民政府重新建造了仪凤门。

太平军攻打仪凤门之战十分惨烈。地雷是当时杀伤力很强的一种武器，李幼舆率领守军就是用地雷打退太平军的多次进攻，打死打伤约有千余人。太平军正面未能攻陷城门，后来从其他门攻入，李幼舆仍然率领官兵奋力抵抗，终因寡不敌众，全军阵亡。李幼舆在激战关头，给母亲写了一封忠孝不能两全、全城之存亡即儿之存亡的家书，让家丁陈六带走，但家书还没有发出，南京城已经被攻破，陈六也随同李幼舆一同战死。裘傅的家仆高溪从南京一路持家书乞讨到苏州，将李幼舆战死的情况汇报给军事长官，江苏巡抚旗人吉尔抗阿飞章请示朝廷，准许李幼舆的长子李学栻承袭恩骑尉的官爵。

李幼惇，是六兄弟老三李珙的儿子，也是独子。在江苏吴县任典史，负责管理军需局。苏州被攻陷，他端坐军械所，岿然不动，敌军令其走开，他边骂边说，我怎么会害怕你们这些草寇呢，来吧，我宁愿战死。敌军终于杀了他。敌军攻陷苏州之前，李幼惇的母亲、妻子、女儿等先是避难逃到了离苏州城区 10 余公里处的木渎镇，得知李幼惇殉难的消息后，她们全都投入凤凰池自尽。当时，他的儿子李学梓刚 3 岁，乳母杨氏先带着孩子逃走，一直逃到上海后，才得知全家殉难的噩耗。

李幼骞，六兄弟老大李珣的儿子，在浙江任候补典史，先是负责管理青镇（桐乡县）的巡检事宜，后参与守备杭州省城。咸丰十一年十一月十七日（1861 年 11 月 17 日），杭州城再次被攻陷。由于杭州城严重缺粮，李幼骞死的时候，已经整整绝食六天。

站在大历史的角度，我们今天重新审视太平天国运动，几乎可以用非常简单、平静的语句来表达，比如教科书上就是这样说的：太平天国运动是清朝咸丰元年到同治三年（1851—1864）之间，由洪秀全、杨秀清、萧朝贵、冯云山、韦昌辉、石达开等人组成的领导集团从广西金田村率先发起的反对清朝封建统治和外国资本主义侵略的农民起义战争，是 19 世纪中叶中国的一场大规模反清运动。1864 年，太平天国首都天京陷落，标志着运动失败。

确实，历史不过如此，但是站在一个家族的角度而言，重温这段李氏家族史，却是血泪斑斑的。

中国的传统儒家精神，主张忠孝节义，讲究忠君报国，这几位幼字辈的李氏先祖及节烈的妇孺，也应该没有辜负济宁李氏的名望。

42. 云淡风轻：一位惜花老人

李氏家谱里重点记载的多位不同年代取得功名的家族男性，他们或中科举、或做了大官，唯独第十四代的李廷仪是一个例外——他因高寿而被浓墨重彩写入家谱。

李廷仪活了93岁，这在李氏家族中确实是一个奇迹。李氏家族中的男性，绝大多数英年早逝，这也是千百年来绝大多数中国人的基本情况，在医疗技术较为落后的年代，人们的寿命基本靠自身抵抗力和运气，因为感染上任何一种瘟疫、病毒以及今天看来的小病小灾都可能要了性命。有学者对2000多年来的中国皇帝做过统计，他们的平均寿命大约在41岁。即便皇上也不过如此，普通中国人更不用说了。在李氏家族有谱可查的数百年间，李氏族人中的男性寿命平均在50岁上下，60岁以上的为数不多，活到93岁的廷仪实在就是一个奇迹了。廷仪长寿的秘诀是什么？李氏家谱中对他的性格爱好、生活起居做了较多的描述。由于笔墨生动，某种程度上，家谱中的廷仪比其他人物给后人留下更令人难忘的印象。

家谱上说，廷仪脸庞丰腴、身材伟岸，这是李氏家族中男人的“标准”长相。

廷仪和李氏家族中的所有男孩一样，自小接受严格、良好的私塾教育。才智过人，18岁参加州试考取第一名，并获取秀才资格，到了20岁之后，就放弃了对科举功名的追求，在家读书、写字、作诗，心态平和，过着陶渊明一般的市井隐居生活，自食其力，自得其乐，著有《爱山堂诗集》。

李廷仪，字凤喈，号棣生，别号惜花老人。这个别号，肯定是廷仪年岁大了之后，自己给自己取下的。爱山堂、惜花老人，这都在无意之中表达了一种对生活的热爱。家里的院子不大，也不可能大，他知足常乐的生活态度决定了他不可能有很多钱财，但钱财不多，并不意味着他不能把生活打理得有滋有味。事实上，他把自己小小的庭院打理得十分有趣，就像在一个扇面也可以创造出一个山水世界，廷仪也把自己的小院子打造出一个小小的园林世界，在数弓之地，种上花木，杂以竹石，豆棚瓜架充牣其中，取名曰“些园”，寓意知足自适之意。就是在这样一个自己营造的世界里，他每天静坐南窗，安心读书、写诗。有客人来了，他待客的茶具不多，但都是质地精良、外观洁净雅致的杯碟。

廷仪酒量极大，亲友招待他饮酒，他希望大家喝高兴了，但不要醉。到了80岁以上的高龄，他常常去到城西头看农家栽培菊花，有时候还亲自上手帮人移植。每天早上起来，自己到鱼市上挑点鱼带回家，不拄拐，不用人扶，午后，抄写所读书中的内容，每天三四百字，都是蝇头小字，一丝不苟。亲族后辈去看望他，他谈笑终日，脸上没有倦色，每看戏剧演出，一定要看到剧终才退场，族人提醒他休息一下，他反而笑他们不耐劳。过了90岁，还能拿着自己种的花，亲自修剪。终于在一次移花的时候，伤了脊梁骨，卧床养伤一年有余，在93岁这年春天去世。临终前，告诫儿子果说，做人要平和。家谱里总结说，廷仪沧桑阅历，几及百年，年景好的时候，不奢侈浪费；岁月艰难的时候，不窘迫抱怨，怡然涣然，自由自在，知足常乐。他能够长寿不是没有缘故的。

家谱里的评价是很有寓意的。李廷仪生于1789年，卒于1880年，虚岁93岁，他生活的将近一百年，正是清朝由盛而衰的过程，经历了乾隆、嘉庆、道光、咸丰、同治、光绪六任皇帝，站在家族的角度来看，李氏家族的辉煌鼎盛他见过了，同辈乃至晚辈们的功名利禄他也见过了，与家族中许多男人勇猛精进的人生观不同，他选择了一条隐居家乡、回归内心的普通人的生活。两种人生观哪一种更好？哪一种更幸福？廷仪年轻的时候，就做出了自己的抉择。也许幸福本身没有什么客观的标准，自己觉得好，便是好。从这个角度讲，廷仪是生命的自觉者、清醒者。他没有按别人的或者说社会主流的价值观去选择，他按照自己的标准，做出了服从内心的选择。

李廷仪是李汝谦的曾祖父。但从血缘上看，李廷仪并不是李汝谦的亲曾祖父。李汝谦亲曾祖父是李琪。李琪与李廷仪是堂兄弟关系。具体而言，就是李琪的祖父李钟沛与李廷仪的祖父李钟淑是亲兄弟，同为李时萃的儿子，李钟沛排行老四，李钟淑排行老五。李琪是李钟沛第二子李大峻的第六子，黄易的外孙；李廷仪是李钟淑长子李大岏的独子。这样看来，在血缘关系上，李琪与李廷仪是很近的。

李廷仪娶有一妻二妾。早年，妻子刘氏没有生育，二妾孙氏、张氏生有二女。廷仪成家许多年，大概一直没有自己的儿子。没有儿子，这在中国民族社会里，是一个很大的问题。一般情况下，都要在本家族同辈人儿子多的家庭中选一个男孩过继过来，李氏家谱中记录有不少这种情况。

李汝谦的爷爷颖，就是过继给了李廷仪做儿子，但过了一些年，李廷仪又有了自己的亲生儿子果。即便这样，颖也还是作为李廷仪的长子，一直与李廷仪生活在一起。颖的生父是李琪。李琪有七个儿子，颖是李琪的第三子。这就可以理解，李汝谦为什么提到自己的祖上时，总是和黄易等联系在一起，事实上，他们确实有血缘关系。

李汝谦的童年是在李廷仪留下的这个庭院长大的，他的《螺楼海外文字》，纪念的正是这个从小读书的地方。

李廷仪酷爱栽花、养花，怡然自得，知足常乐。这样的嗜好与趣味大概也深深影响了李汝谦的爷爷颖和父亲冕，他们都是那种安静平和的读书人，直到李汝谦后来在北平买下净土寺 7 号院，院子里的假山与花草，是不是也与这位惜花老人的爱好一脉相承？岳母也是一生喜欢花草，对各种鲜花，只要是色泽鲜美的，尤其像菊花、海棠、樱花，特别是洁白的桂花、鲜艳的牡丹，岳母真是从心底里喜爱，到了这些鲜花的盛开期，岳母总是拿着相机拍个不停，也不管拍的艺术效果怎么样，只要是拍进相机的，她都要躺在床上一遍又一遍地欣赏，看个没够。而她自己每年留下的最美的照片，也大都是人融在百花丛中的一张张灿烂的笑脸。从某种程度上说，80 多岁的岳母，也是带有浓郁色彩的李氏家族又一位“惜花老人”了。

43. 有姓无名的女人们

在李氏家谱中，记载了许多获得旌表的节烈贤淑的女人们，就像中国许多地方州志、家谱中受到表彰的女人们一样，她们一生留下的只有姓氏，而没有自己的名字，不管她们有怎样的性格、天赋、才华，她们都只能是按照封建礼教要求的节烈贤淑标准，默默走完自己的一生。

个人很难超越自己的时代，《任城李氏家谱》专门有一章“节烈贤淑”篇，记录了数百年来这个家族中被旌表的多位节烈贤淑的“先进”人物。毫无疑问，出于统治者的社会管理需要，一般都要制定一套价值标准、价值体系，以此引领社会规范与风尚，而完成这种价值标准的通常手段都是，通过塑造一个时代的所谓“先进”人物来完成。从维护社会规范以便于更好统治的目的出发，任何国家、任何时代、任何统治者都会制定一套价值标准，这显然无可厚非，但是这种价值标准是什么，是不是更人性化，更有利于调动社会活力与创造力，却是观察这种文明高低的一个重要角度。

自宋朝以后，中国社会通过缠足等对女人进行身心摧残，从而将女人从身体、心理、文化上进行禁锢，无论如何，这是中华文明史上的大倒退，与其说这是男权社会对女性的胜利与征服，毋宁说，这是全社会的生命窒息。只有男女平等才能形成一个真正意义上的文明社会，阴衰阳盛或者阴盛阳衰，其结果都是衰！

阅读浏览中国上千年的历史，大凡涉及女性的部分，都让我们内心产生巨大的压抑与痛心。《任城李氏家谱》里面，记录了许多这样的女性。例如：“李钟庆继妻陈氏年二十一岁，夫故，守节五十岁完节。李钟淑侧室郭氏十八岁适李，二十一岁家主亡，郭即于是日服毒殉节。李顺隆妻丁氏十九岁适李，二十二岁夫亡，守节六年，卒年二十七岁。”等等，数十位女性所谓的节烈贤淑不过如此，虽然我们不应以今天的价值观来衡量历史，但是当我们回首历史，并且重新反思历史的时候，我们实在应当庆幸，自“五四新文化运动”以后尤其是新中国建立特别是改革开放以来，中国女性的命运已经发生了多么大的变化。

从李氏家族第十二代算起，到李汝谦已经是第十七代，在这六代人物中，与李汝谦有血缘关系的“母系”人物有：

祖祖母：张氏（1747—1843），是李钟沛的继配妻子，生有二子：李大岑、李大峻。李大峻为李汝谦的太祖父，黄润的丈夫。祖祖母张氏在家谱中最重要的信息是，她活了 96 岁，这是迄今发现李氏家谱中最高寿的人物。

太祖母：黄润（1775—1824），49 岁，生有六个儿子，个个优秀，黄润是黄易的女儿，是对李氏家族做出重要贡献的女性。

曾祖母：夏氏，生卒年月不详，生有七子，三子李颖，过继给李廷仪，是李汝谦的爷爷。

祖母：杜氏（1820—1852），32 岁，李颖妻，生有一子李冕，也就是李汝谦的生父。

母亲：刘氏，生卒年月不详。是父亲李冕的第三任妻子，生有二子：李汝谦、李汝誉。刘氏大概活了五六十岁，李汝谦在日本留学的时候，曾经写诗为家乡的母亲祝寿。但后来也写过“父母无存兄弟散”的诗句，这说明，在他 30 多岁的时候，母亲已经去世。

44. 在故宫目睹两件国宝级文物

我们获悉，李汝谦生前收藏并极为珍爱的两件国宝级文物《西岳华山庙碑》《唐拓武梁祠画像》均收藏在故宫博物院。

其中，《西岳华山庙碑》在 20 世纪 70 年代由香港胡慧春捐赠给国家，《唐拓武梁祠画像》则是在“文革”期间从民间收上来的，具体是从什么人手里收上来的，不得而知。

值得庆幸的是，这样重要的文物，经过长达数十年的国家动荡岁月，居然完好无损，最终藏于国家博物馆，这恐怕也是李汝谦等文物收藏家们的意愿。李汝谦早在军阀混战的北洋政府时期，便提出文物归公共所有的理念，这样的愿望终于实现了。

作为后人，我们虽然也能够借助网络等途径，了解到这些文物的大致风貌，但出于好奇、学习、欣赏以及写作本书的需求，我们也希望能够有机会亲眼目睹这两件国宝级文物的“尊荣”。可以说，在寻找外曾祖的过程中，为了查阅一些重要资料，诸如《任城李氏家谱》《螺楼海外文字》和收藏在地方博物馆内的李汝谦书法作品以及墓志铭等等，我们动用了很多朋友“关系”，欠下不少人情，但是正如在国图遇到的龚姐妹所言，为家谱尽力，为祖宗尽孝，总会有福报的，我们在查找各种资料的过程中，总是遇到好人相助。

可是，到国家最高级别的故宫博物院的地库中去查阅这样两件国宝级文物，这个愿望能实现吗？说来也真是运气好，我们得到了热心朋友的多方协助，终于如愿以偿。

2016 年，一个冬天的下午，当我们办完签字手续，由故宫的三位文物专家小心翼翼地将文物从地库捧出，并在一间专业展台上缓缓展开时，我们内心十分感动幸福。我们虽然是文物方面的外行，但是在故宫专家们的耐心指点下，我们对这两件文物有了全新的认识。文物依旧保留了原先古朴的包裹，展开《西岳华山庙碑》挂轴，占满了整个台面，可以想见，当年毁于地震的石碑十分巨大，加之经过装裱之后，经过多位著名收藏家在延伸部分留下的题签，让真实的藏品比市面看到的各类复制品大出许多。岳母和我们一起在藏品的多位著名收藏家当中仔细辨认李汝谦的收藏记录，直到我们找到李一山的收藏钤印。

《唐拓武梁祠画像》是由一块暗花色的布料包裹着的，共分为上下两册，每册又有多个册页。关于武梁祠画像本身所具有的艺术价值，本书在前面已经借助专家的评价作过介绍，现在单说这本画册的收藏价值。专家介绍，这本画像的价值极高，至少体现在三个方面：第一，这是唐朝留下来的唯一的拓片，经过宋代著名金石学家赵明诚等多人收藏过，仅此一点，便是价值连城。第二，该拓片到了黄易手上，黄易作为金石学大家，他开创性地，也是极有远见地将乾嘉时期的金石学家们的鉴赏文字与拓片整理在一起，这些大家、名家们的题签本身就极具收藏价值。第三，李汝谦仿照黄易的做法，同时在此基础上又有发挥，前后共用约 5 年的时间，不仅邀请了晚清民国初期一大批重量级的金石学家一同参与题签，而且邀请当时最著名的书画大家根据他的创意要求作画题字，等于在苦苦寻碑并得碑之后，又完成了一场文化盛事。

翻阅一页一页的画册，一旁的故宫专家们开玩笑说，对于今天的收藏界而言，这其中的每一页都是价值不菲啊，正是这一页又一页的珍品，构成了《唐拓武梁祠画像》的无价之宝。

这两件文物是国宝中的国宝，按照故宫的文物级别划分，这两件文物被列入国家一级文物中的甲级藏品。

在《唐拓武梁祠画像》末页，李汝谦写有一篇《得碑自记》的文章，该文章简要叙述了《唐拓武梁祠画像》与黄易及李氏家族之关系，然后提到这件重要文物在市面上已经消失 50 余年不见踪影，以至于研究者们开始怀疑它的存在。后面李汝谦详细介绍了自己 1916 年在京城寻碑、得碑的曲折过程，其中情节跌宕起伏，如果不是李汝谦的执着与坚持，恐怕又要与李氏家族有着很深渊源的画像失之交臂了。

对获得与保护《唐拓武梁祠画像》，李汝谦花了很多的心血，他整整用了5年的时间来征集书画题词并精心整理，画册中那个躬身怀抱拓片，谦恭虔诚地求人题词赋诗的水墨人物，我们相信就是外曾祖李汝谦自己。

如今这幅珍贵的文物，被完好地保护在故宫博物院，为国家所有，李汝谦不用担心文物流失了。

45. 家规：积善人家有余庆

常言道，国有国法，家有家规。现在我们国家讲依法治国，这当然也是全世界现代国家的普遍规则，这是中国的进步。

但是，曾经在很长一段时期，家规好像不太讲了，我不清楚，现在有多少人家，有家规，又有多少人能够讲清楚自己的家规是什么。

我们现在还有家规吗？

当然，我们说不出家规，并不等于说，我们就是失了家教，是不讲规矩的人。家规作为一种文化，它实际上已经深深内化于我们一代又一代中国人的言谈举止之中，并通过我们的父母、长辈，父母的父母，长辈的长辈，一直在潜移默化地影响着我们。什么样的父母，就有什么样的孩子；反过来说，有什么样的孩子，也就有什么样的父母。生活中如果有人被议论说“没有家教”，就等于把孩子、父母一起骂了。

但是，作为完整的家规，白纸黑字写出来，让族人共同遵守，薪火相传，这在今天的中国社会已经很少见了。

而且，我们也会发现，当今社会的世风日下，满社会充满的那种怨恨、戾气、互不信任，是不是也和家规从文明中的整体失落有关系呢？在我们生活的周边，富人倒是不少，但是我们还能看到富贵、优雅、温婉、含蓄这种具有中国东方美学意义上的人格魅力吗？这不是需要一代又一代良好的家风、家规才能培养、浸润出来的吗？

人们常说，富且贵，需三代以上，才能培养出来，这大概是很有道理的。现在学界常有人以仰慕、钦佩的口气说起民国一大批各行各业人物的风骨、风度，如陈丹青先生就以一个画家的眼力举出过许多民国人物的脸，说他们的脸长得实在是“好看”。其实，这是有原因的，你只要看看这些人物成长背后的家庭，以及那个时代的背景，就能读懂这些“好看的脸”——好看是因教养而好看。

我们的老祖宗，尤其是过去那些大户人家是很讲家规的。

对于一个大家族来说，对于家规的讲究某种程度上超越了国法，也可以说：国法是底线，家规则是做人做事的高标准。中国古代，在日常的管理中，中国更多的是靠道德约束，在治国的层面上，也是以德治国。这个德其实就是浸透在社会基层，靠家庭、家族、乡约来自我管理的一些做人行事的基本行为准则，其中，家规起到了很重要的作用。

说来也是，家庭和睦了，宗族和睦了，乡里乡亲和睦了，这个国家还需要那么多的法律条文吗？所以，中国的古代圣贤提倡无为而治，是有基础有前提的，那就是让老百姓自己管好自己。

怎么管呢？中国社会一直是一个以血缘关系为纽带的宗族社会，这也构成了中国特色的农业文明社会。其特点是，家族世世代代生活在一个基本不变的土地上，无论家族中的什么人出去做官、经商、当兵，最终都要回到这块土地，这叫落叶归根，故土难离，家乡情结。即便死在外面，也要千里迢迢把尸骨安葬在家乡，这是入土为安。这样一个建立在土地上的农业文明，就形成了一个非常特殊的家族社会。

维系这样一个大家族，把大家凝聚在一起的，就是家规。所谓家规，就是大家所共同追求的价值观和行为规范。这个价值观说到底，就是要实现这样一个意图：保持家族的繁荣昌盛，生生不息。中国人以宗族为核心的社会关系，有几个点特别值得注意，这恐怕与别的民族，别的国家特别不同：一是特别注重以纪念列祖列宗的祠堂为标志；二是把祖坟看得很重；第三点是族群之间的相互帮衬与走动。前两点基本上可以看作是祖宗崇拜，而后一点带有农业社会的互助社会保障的性质。总的来说，就是以血缘为纽带，并让这种关系能够代代相传的家族文化。

刊载于数百页李氏家谱中的家规，仅有 4 页，也就 500 来字，但非常典型地反映了我国古代家族、家规的基本风貌，是一份研究中国过去名门望族和谐相处、保持家族兴旺发达的范本。

这份家规是李氏第十五代世孙李幼鸣、李淑缘代表家族重新立下的规矩，距今150年左右的历史，按辈分，算是李汝谦的爷爷辈。

《家规》开宗明义写道："我李氏，先代忠厚起家，倡义举，恤乡里，修桥梁，施棺木，历载志乘，传之闾里，所以培植于前，克昌厥后者也，望我后族人，显达仍宜绍。"

这段文字，以极其简约的文字将李氏家族之所以能够繁荣昌盛、经久不衰的家族文化的主要内容都概括在里面了。在肯定先人的同时，重点在于激励、鞭策后人，所以强调："望我后族人，显达仍宜绍。"也就是警示后人一定要坚守老祖宗留下的家规。

作为李氏家族后人，如果有幸看到李氏家族的先人们为家乡、为社会做了那么多的好事，并且有那么多的先辈由于业绩突出、品德高尚不仅载入地方州志、县志，而且在当地口口相传，形成良好的社会口碑，有这样的家族门风，李氏后人是应该感到自豪的。

这一段话当中，用了"培植于前""克昌厥后"两个词。"培植于前"好解释，就相当于前人栽树，后人乘凉了。"克昌厥后"是什么意思呢？"克昌厥后"，出自《诗经》，这个词过去经常使用，尤其是在富裕人家的门楣、庭堂上经常能看到这样的匾额，康熙皇帝也写过"克昌厥后"这样一幅匾额。这四个字直译过来就是：能昌达其后裔。

在简单回顾了李家的历史后，《家规》的内容进入了具体部分，就是要延续祖上的美德和优良传统，要求李氏家族的后人们应该具体怎么做。《家规》的基本精神是以家族为纽带，举族人之力，办族人之事。在过去政府弱化、社会保障基本靠自己的情况下，这其实是在族人之间建立起来的兼有祭祀、救济、互助、约束于一体的一份契约。这个《家规》今天依然可以作为我们研究中国宗族社会治理的一个范本。

常言道：积善人家有余庆。一个家庭乃至一个家族，如果能够坚持积德行善，我们相信，这就是留给子孙后代最大的财富了。

李氏家族延续下来的《家规》内容十分具体明了，我们不妨通过原文看看家规具体说了什么。

附： 李氏家规

我李氏，先代忠厚起家，倡义举，恤乡里，修桥梁，施棺木，历载志乘，传之闾里，所以培植于前，克昌厥后者也。望我后族人，显达仍宜绍。

先人之懿行笃本支之百世，或得爵禄之高厚，或置产业之丰盈，均酌从容易为者量力捐输，以为永远定例。所出之款，议出族中悦服者数人，公同酌办，置田产以垂永世，只许增入，不准抽用原本。将每年所获生息，供春秋祭祀之需，修葺茔祠之用。次及族中贫不能殡葬者，周之；穷不能婚嫁者，济之；无力应试者，助资斧以成全之，无力读书者，设家塾以课励之；鳏寡孤独疾困者，酌给养膳。不以支派亲疏而分厚薄，非贫者不给，硬争者不给。如有觖望滋事擅动公款者，阖族公举鸣官责惩。余或推及任恤睦婣。庶先志之克承子孙之寖昌也夫。

凡历代老林须当报本追达，逢节各自率领后生祭扫，以免阅世不谒，有湮没失考之叹。

凡建立宗祠以荐馨香，原为肃静清洁以妥，先灵而后裔勿许借住作践，逢春秋致祭，朔望拜谒，庶不至有潜藏作践之弊。

凡族中如有不肖子弟作践败坏先人茔祠等情者，阖族公同鸣官究办。

族中议定十字以排辈，原为族大丁繁，藉此以联。

本九族之义，我族十九世以上名讳已载家乘，自二十世以后添丁，望我族人悉依所定排辈之字命名，以昭同族之雍睦。

命名于排辈之字外，选字为名者，须查看世系图，凡族中上辈用过字样幸勿重复，庶昭穆之不紊。

选定排辈十字列后：贻、谋、思、燕、翼、升、举、式、鹏、翔。

编者按： 十八大以来，已经在全国范围内，在全社会普遍开展家风家规教育活动，对于传世家训、家规、家风的挖掘整理受到广泛重视。本文写作初衷，亦是如此。然在此活动之先，足见作者之识见非凡，其以任城李氏一门数百年之遗风与家规结合起来，是家规作用一大实证。

李氏家规

家規

我李氏　先代忠厚起家倡義舉恤鄉里修橋梁施棺木歷載志乘傳之閭里所以培植於前克昌厥後者也望我後族人顯達仍宜紹　先人之懿行篤本支之百世或得爵祿之高厚或置產業之豐盈均酌從容易爲者量力捐輸以爲永遠定例所出之欵議出族中悅服者數人公同酌辦置田產以垂永世祇許增入不准抽用原本將每年所獲生息供春秋祭祀之需修葺塋祠之用次及族中貧不能殯塟者周之窮不能婚嫁者濟之無力應試者助資斧以成全之無力讀書者設家塾以課勵之鰥寡孤獨疾困者酌給養膳不以支派親疏而分厚薄非貧者不給硬爭者不給如有觖望滋事擅動公欵者闔族公舉鳴官責懲餘或推及任恤睦婣厥　先志之克承子孫之寖昌也夫

一凡歷代老林須當報本追遠逢節各自率領後生祭掃以免閱世不諱有湮沒失考之歎

一凡建立宗祠以薦馨香原爲肅靜清潔以妥　先靈而後裔勿許借住作踐逢春秋致祭朔望拜謁庶不至有潛藏作踐之弊

一凡族中如有不肖子弟作踐敗壞　先人塋祠等情者闔族公同鳴官究辦

一族中議定十字以排輩原爲族大丁繁藉此以聯一本九族之義我族十九世以上名諱已載家乘自二十世以後添丁望我族人悉依所定排輩之字命名以昭同族之雍睦

一命名於排輩之字外選字爲名者須查看世系圖凡族中上輩用過字樣幸勿重複庶昭穆之不紊

一選定排輩十字列後

貽謀思燕翼升舉式鵬翔

第十五世孫紉鳴淑綠謹立

摘自《任城李氏家谱》

跋

寻根：时间废墟上的一把土

经过将近一年的“寻找”，我们对外曾祖李汝谦的认知从虚无缥缈、抽象模糊到逐渐变得具体、亲切，在搜集到了大量但也可能仍然是有限的资料基础上，我们决计在2017年春暖花开的时节，与82岁高龄的岳母一道，回到山东济宁——李汝谦的故乡，也是岳母从未踏上过的“祖籍”，完成一次寻根之旅。

因为工作关系，山东济宁，我曾经去过几次，正如中国的许多城市一样，由于没有感情上的牵挂，去过，不过是去过而已。况且，随着中国这些年的大拆大建，多数城市千城一面，早已失去自己的个性与气韵，因此，对于到许多城市出差，仅仅是出差，你甚至不会有深入了解它的兴趣。就在两年前，我们还和表弟李辉一同在济宁城住过一宿，但由于对李氏家族历史的无知，那一晚我们也是毫无感觉。事后李辉回忆说，那一次他本来也是想打听一下老家的，但由于行程已满，这个想法只是在脑子里转了转，很快便打消了。两年前的济宁，在他的脑子里，最多也就是一个传说中祖籍的概念，想打听，打听什么呢？想寻访，又从何处寻访呢？

寻找李汝谦，李辉做了很多工作，行前我们在电话里告知李辉准备到济宁探访，李辉表示，他正好要回国，希望和我们结伴实现寻根之旅。由于大半年下来，大家对李氏家族有了比较多的了解，寻根便有了实在的依托与共鸣。我们本来计划乘高铁过去的，李辉坚持说，一定要开车。开车也好，更方便。

行前，我们努力做足寻根的功课。按照李氏家谱的记载，李氏家族自元末明初从山西洪洞迁徙而来，到了李汝谦已经是第十七代，李氏家族自从在济宁任城（如今的济宁市老城区）定居以来，随着家族的繁衍，人丁兴旺，除了部分外出做官、经商等移居他乡之外，大多数的李氏家族后人应该仍然生活在如今的济宁城，老城任城区内应当仍然保留有当年的街名，毕竟这是一个曾经辉煌过的大家族，国内仅存的孤本《任城李氏家谱》也是据此而来。而根据族谱记载，李氏家族的坟茔经过数次迁徙，在济宁城的东乡五里营、城南赵家庄、北乡靳家庄以及城北十里铺、高家庄、史家庄，城东后郭家庄、城西三义庙乃至嘉祥县城南吕村庄等等均安葬了李氏家族中的列祖列宗。

但我们心里是很清楚的，所谓族谱上的记载，随着中国数百年的大动荡，所谓的祖宅呀、店铺呀、祠堂呀、坟茔呀，早已在多次的大破大立、大拆大建当中消失在历史的浩瀚尘烟之中了。

所谓的寻根，寻什么呢？

寻找这座城市吗？城市的名字还在，可是，名存实亡的城市、村镇也太多了，哪里还有文献记载当中的踪影呢？

寻找城市中的故园旧宅吗？老城不在，老家在哪？

所以，我们的寻根，说穿了不过就是在外曾祖生活过的土地上边走边看，碰碰运气。说到底，我们并没有抱太高的期望。反正，82 岁高龄的岳母，也从没有回过自己传说中的济宁老家，那么，正好，这就算一次春游。看到什么算什么。也许，运气好呢？

我们的运气还真是不错。

太白楼是我们寻根的第一站。作为标志性的建筑，太白楼还在。但此太白楼，非彼太白楼也。为纪念李白而建的历史上的太白楼，早已不在。在太白楼景点做导游的小姑娘告诉我们，当年的太白楼，是建在运河边上的，由于破败不堪，早已拆除了，现在的太白楼是在新址上修建的，拆旧址的时候，人们发现地下埋了许多石碑，就在建太白楼的时候，顺便将这些石碑直接镶嵌在主体建筑的四面墙体上了，这也在客观上起到了保护文物的作用。我们很清楚，1907 年，李汝谦留日前夕，当地的“父母官”济宁知府王鹿泉在太白楼上曾经宴请过年轻的李汝谦，而李汝谦正是在太白楼上即兴赋诗，写下了“宴客亦寻常，贺监何人，应让风流归太守；能诗最奇特，青莲如我，不须星宿托长庚”的著名楹联。我们向导游打听这句楹联，小姑娘表示没有听说过，我们虽然失望，但心有不甘，便沿着太白楼的外墙寻找。终于，在北面墙体上找到了镶嵌在墙内的石碑，是气韵生动流畅的行楷字体，出自清末名士、大实业家张謇之手。岳母站在祖父当年留下的楹联旁，仔细端详，石碑是冰冷的，然而，当白发苍苍的岳母在认真地辨认石碑上的每一个字迹时，她分明感受到了爷爷的青春气息与脉脉亲情。我们心情大好，对这副楹联保护如此之好表示了衷心的感谢，激动之余，我们也向这位90后的导游小姑娘介绍了这副楹联的历史背景与作者的大致情况。小姑娘听后不好意思说，她来此当导游不久，没大注意墙上的石碑。作为李汝谦的后人，我们希望能提供两份该石碑的拓片做纪念，小姑娘表示十分理解，但说她不能决定，希望我们直接和馆长说。因为是周末，馆长不在办公室，小姑娘把馆长电话给我们留了下来。我们回到北京，打电话向馆长说明了理由，馆长是个痛快人，很爽快答应了我们的请求，并在一周之后，将拓片邮寄过来，还打电话客气地说，如不满意，可以再拓。

在济宁博物馆，我们本来希望能够看到更多济宁的历史，毕竟，这里曾经作为京杭大运河上的一个重要枢纽和北方重镇，应当留有大量文献资料，但是十分遗憾，与现代化的硬件设施相比，其内容与我们的期望值相比还是差了很远。在博物馆外广场一角，我们找到了黄易访碑的雕像，黄易在中国金石学界是具有重要影响的人物，在济宁更是一张重要的文化名片，而作为李氏家族的亲家，更是对李氏家族后人尤其是李汝谦产生了重要的影响。

和许多历史名城一样，济宁已经消逝。我们跟着高德地图导航的引领，驱车来到任城老城区，城区到处都在拆迁，不过，残垣断壁处，一些古树还是被保护了下来。我们找到天津府街，这是纪念李氏家族三代连任天津知府而命名的一条街，也应该是李氏家族当年主要居住生活的区域，李汝谦从小居住过的螺楼也当在街道的某一角。可是，街道除了保留原有的名字，到处是新建的社区，哪里还有历史的痕迹呢？街道附近倒有一个保留完整的牌坊，这应是这里唯一的地上文物了，似乎也只有这座突兀而起的清代牌坊在默默见证历史的兴衰。我们站在街头一角，静静关注附近建筑物进进出出的人，在陌生的人群里，也许就有擦肩而过的李氏后人。

我们此行的重点是荩园。我们在资料上了解到，荩园是济宁保留最完整的清代江南园林。荩园建在戴庄，清朝早期，是当地大户人家、书画家戴鉴的私家花园别墅，取名淑花村舍。戴家衰败了，李氏家族中的第十三代李澍成为园林的主人。李澍，字东泉，号荩园，故戴家花园后又改名为荩园，后人也称做东泉别墅。清朝末期，李澍后人又将荩园卖给了德国传教士，因此，如今，荩园一部分保留了原来园林的骨架与风貌，另一部分则被改造成了当地著名的天主教堂。教堂一侧，部分用地又被建成一家精神病院。

戴庄距济宁市区 8 公里。次日清晨，尽管我们匆匆用过早餐便驱车赶往荩园，但是我们后来还是后悔来晚了。我们应该赶在早饭前就过来。这一天正是周末，一大早，前往荩园必经过这家精神病院的道路已经被车水马龙堵得水泄不通。我们纳闷，尽管这里是当地的一个风景区，又赶上周末，也不至于如此多的车辆出入吧？当车开进停车场，我们明白了，4 月末，这里正赶上荩园的流苏花开，当地人对荩园流苏花的喜爱，正如其他城市人对喜爱当地的樱花、菊花或者什么花一样，每年 4 月末，荩园流苏花开的时候，10 天左右的花期吸引了成千上万游人前来观赏拍照，而我们赶上了，这也是我们的运气。因为每年花期也就 10 天，而且这是荩园生长了 300 年左右的流苏的花期，即便这是一次巧合，我们也愿意解释为是一次不期而至的神遇。

资料上显示，荩园在李氏族人李澍的手上，占地 170 亩。李澍去世后，其墓地就选在荩园东南不足 300 米处。走进荩园，虽然园林早已衰败，但是园林原来的空间布局如假山、方池、台榭、桥亭依然保存完好，而郁郁葱葱的名花贵树依然在原有的土地上展示着丰沛的生命力。

每年 4 月末，300 年树龄的流苏树成为了这里最夺目的主角。

我们走进后花园，远远地被两颗巨大的就像被雪花覆盖的树冠吸引了。流苏本来就是珍贵树种，而赶上 300 年树龄的流苏一年一度短暂的花期，则更是难得。

济宁当地人把流苏称作四月雪。这个称呼准确而且带有乡土气息。

我们来到流苏树下的时候，树的四周已经是人山人海，我们选择各种角度拍照，希望能够留下几张有纪念意义的照片，但是均无法避开背景里的人头攒动。不过，她的令人惊艳的美已经深深刻在我们的记忆里了。

我们在苠园里漫步，我们备感亲切。我们不时停下脚步，摸摸假山石，看看各种参天大树，心平气和，仿佛漂泊多年的旧主人，重新回到自己的土地。是的，世间的一切，经由时间的过滤，终归虚无，只有脚下的土地是真实的。

告别苠园的时候，我们忽然有点不舍，似乎若有所失，几乎是在同一时间，我和李辉都想到了，应该抓一把苠园的泥土回去。经过商量，李辉找来两个空矿泉水瓶子，钻进临时用绳子围起的护栏里面，在一棵大树根底下，拨开地面上的浮土碎叶，抓起一把又一把肥沃的泥土，往瓶子里灌。年轻的保安见状，急忙跑过来喊道：干什么呢？快出来。我们指着挖土的李辉，轻声对保安说，他从国外回来，这里是他祖上留下的花园，这个苠园过去都是他家的，他想带一点土回去，就一点。保安听懂了我们的意思，仿佛受了感染，谨慎地看看四周，轻声说：那好吧，快点出来，别让别人看见了。

事后李辉说，泥土是不能带出国的，国外有严格的法律规定，他希望两瓶泥土各装在两个花盆里，他家里留一盆，我们留一盆，栽上李家人最喜欢的花。

我们期待，2018 年之后的每一年里，我们的花盆里，都能盛开美丽的花朵，无论牡丹、无论秋菊、无论茉莉，因为这是我们找回的李氏家族生活过数百年的故土。

土地肥沃，必将叶茂根深。

这一趟寻根之旅，相信没有白来。

后　记

在寻找家谱与撰写本书的过程中，我们得到了许多人的帮助。首先，我要感谢我的母亲李荣，她对往事的回忆为我们提供了很有价值的资料。我们对家族史的无数个探寻常常把她带回她的童年、青少年和“文革”中。回忆是美好的，回忆也常常伴着泪水，在整个成书过程中，又有谁知道她度过了多少个不眠之夜呢？在她 82 岁高龄之际，仍然能够毅然决然陪伴着我们，一同回到山东寻根，在祖辈生活过的地方——济南、泰安，尤其是祖籍济宁寻根问祖，而在太白楼、荩园更是留下美好记忆。母亲的腰不好，我们一路一直担心她的身体状况，好在她对生活以及一切新鲜事物均保持了极大的热情与好奇，这反而让她在开心中忘了自己的病痛，何况这是回到自己的故乡，更何况这是春暖花开的时节。

我也要感谢我的姐夫张智琦，他是传媒大学的教授，巧合的是他曾留学日本多年并获得博士学位。传媒大学和日本的十几所大学都有互派留学生项目，这次托他在日本留学的学生为我们找到了外曾祖李汝谦当年在日本留学期间书写的隶书五言对联和游记《游稻毛记》手迹。当照片通过互联网传到我们的手里时，我们惊奇，虽然经过 100 多年，字迹依然如此清晰，仿佛刚刚留下的墨迹，我们不禁惊叹日本人对史料档案的保护与提供查阅服务方面所展现出的专业水准。这是很值得我们学习借鉴的。

我还要感谢表弟李辉。感谢他花费大量的心血，在万里之外利用互联网收集了很多资料，并且非常及时地购买了电子版《任城李氏家谱》和外曾祖李汝谦墓碑拓片的影印件。我们研读外曾祖李汝谦就是从这些材料开始的，没有他2016年8月的发现，就没有这本书的写作。

我特别要感谢一位叫做龚孙德凤的姐妹，在寻找有关外曾祖李汝谦资料最困难的时候，我们十分有幸遇到了龚姐妹。如果不是她在关键时间提供重要线索，我们真不知道如何更便捷地获得《任城李氏家谱》的具体内容。她给我们推荐了一家网站，这是一個从事家谱研究的非营利组织所办，《任城李氏家谱》就是从这个网站一页一页下载后打印出来的。龚姐妹告诉我，“文革”期间上海图书馆保护了很多家谱，仅经原馆长顾廷龙老先生抢救的家谱就有8011种，47711册，破“四旧”期间很多家谱被美国买走或收走。《任城李氏家谱》被运到美国后先被哥伦比亚大学东亚图书馆收藏，后来到了美国犹他州盐湖城家谱中心。由上海古籍出版社2009年正式出版的《中国家谱总目》为全球华人寻根问祖提供了非常详细的线索。龚姐妹所知的机构和美国犹他州家谱学会对这项浩大的工程给予过大力支持。我相信一定有许多人在寻找家谱的过程中，得到过他们的无私帮助，正是因为有这样一群人的无私奉献，才使我们在家谱文化的薪火相传中，找到了确凿的依据。要感谢的人其实很多，更多的感恩就放在心里了。

姚双云

2017年10月于北京

附　录

1. 拍卖所见与李汝谦有关的书画作品

(1) 秋山访友

(2) 寒香成扇

(3) 一路连科

(4) 梅竹双禽

(5) 爱日楼图

(6) 寒柳栖禽

(7) 临苏轼帖

(8) 李汝谦的家书

2. 馆藏所见与李汝谦有关的作品

(1)《西岳华山庙碑》四明本

(2) 唐拓武梁祠画像

(3) 黄小松得碑十二图

(4) 刻在太白楼上李汝谦的对联

(5) 李汝谦的十一言联

(6) 李汝谦的隶书五言对联

(7) 李汝谦的游记《游稻毛记》手迹

(8) 李汝谦墓碑拓片

3. 目前所见李汝谦所作序、跋作品的书影和印鉴

(1)《说文古籀补补》序

（2）《新郑出土古器图志全编》

（3）《秋盦遗稿》跋

（4）李汝谦《得碑自记》书影

（5）李汝谦用过的部分印章

4. 李汝谦在济宁的遗迹

（1）太白楼诗联

（2）济宁荩园

5. 李汝谦年谱

6. 无法忘却的回忆——记我的姥姥闫淑贞

7. 《任城李氏家谱》功名一览表

1. 拍卖所见与李汝谦有关的书画作品

秋山访友

作者：万上遴，尺寸 184cm×111cm，创作年代 1813 年作

钤印：上遴之印

鉴藏印：李汝谦字一山收藏书画章

北京翰海拍卖有限公司；2002 春季拍卖会·中国书画（古代）

寒香成扇

作者：陈半丁，尺寸20cm×50cm，创作年代1930年作

钤印：年、半翁

款识：陈半丁

另面：李汝谦 隶书

竹刻："郑孝胥、吴昌硕书法"扇骨

北京荣宝拍卖有限公司，2005春季大型艺术品拍卖会，中国书画（二）

一路连科

作者：八大山人（款），尺寸 87cm×48cm

钤印：八大山人、何园

题识：八大山人画

鉴藏印：李汝谦字一山收藏书画章，袁氏筱珍藏

2011 年嘉德四季第 25 期拍卖会，中国书画十三

梅竹双禽

作者：徐扬（清乾隆间，18世纪），尺寸88cm×46.5cm。

约3.7平尺，乾隆壬辰（1772）作

钤印：臣徐扬、云亭

题识：乾隆壬辰秋八月，为乾斋年台。徐扬。

鉴藏印：李汝谦字一山收藏书画章、白氏家藏

中国嘉德2015秋季拍卖会，中国古代书画

爱日楼图

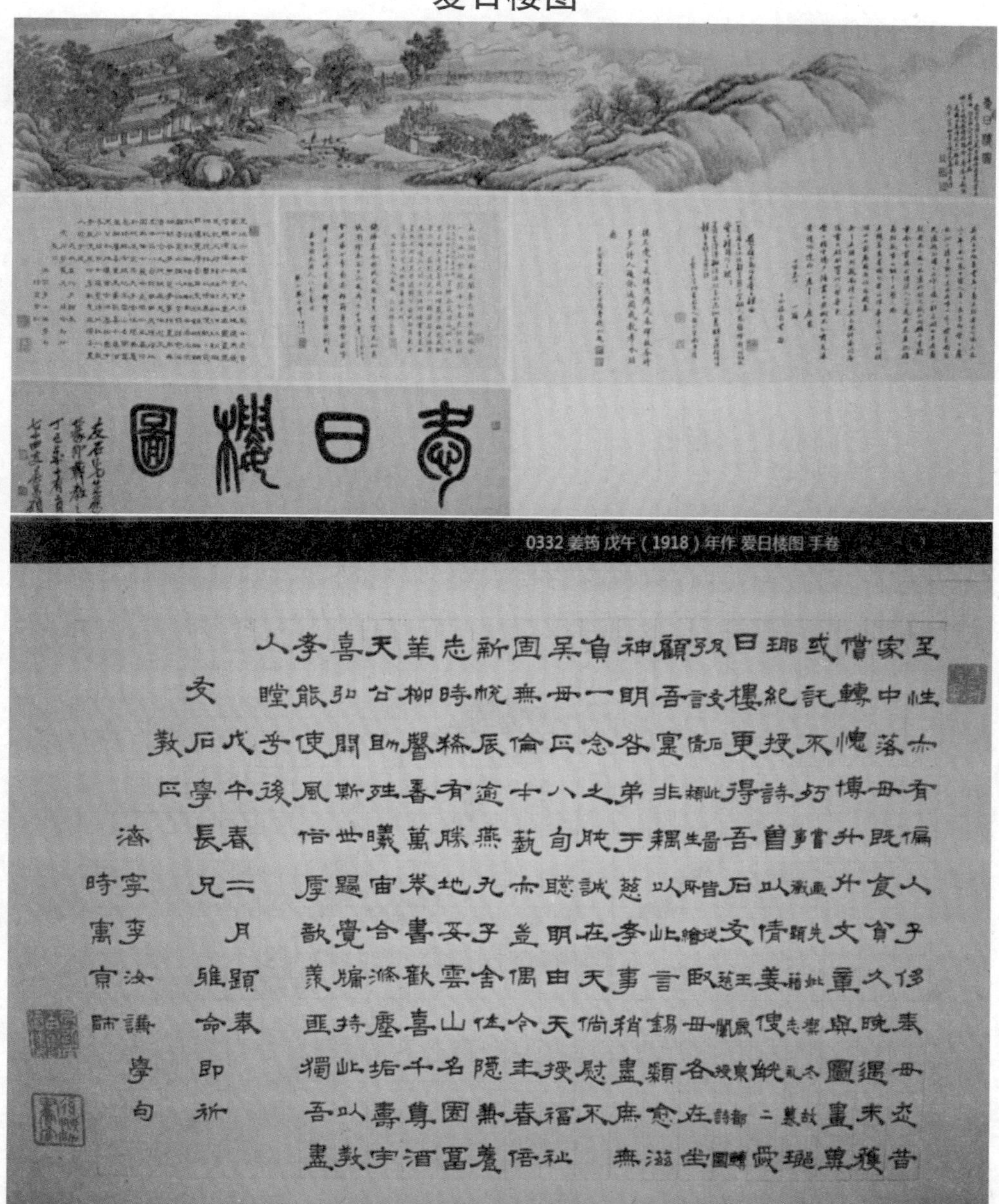

作者：姜筠（1847—1919）；尺寸 40cmx19cm

吴昌硕引首题识：爱日楼图

李汝谦等题记

上海天衡拍卖有限公司，2015 年秋季艺术品拍卖会　中国书画专场（二）

寒柳栖禽

作者：高凤翰（1683—1749），尺寸 48cm×26cm

题识：己未八月十八日，作于武康小栗亭。南阜凤翰左手。

钤印：高凤翰、南邨、南阜

鉴藏印：李汝谦字一山收藏书画章

北京保利国际拍卖有限公司，2016 春季拍卖会，中国古代书画日场

临苏轼帖

作者：刘墉（1719—1804）临苏轼帖，尺寸：157.5cm×47cm

题签者：李汝谦，字一山，山东济宁人

李汝谦签条：诸城刘文清公真迹神品。耔榘先生所藏。丁卯午节李汝谦敬书。

钤印：汝谦、一山

中国嘉德国际拍卖有限公司，2016 年秋季中国古代书画拍卖会

李汝谦的家书

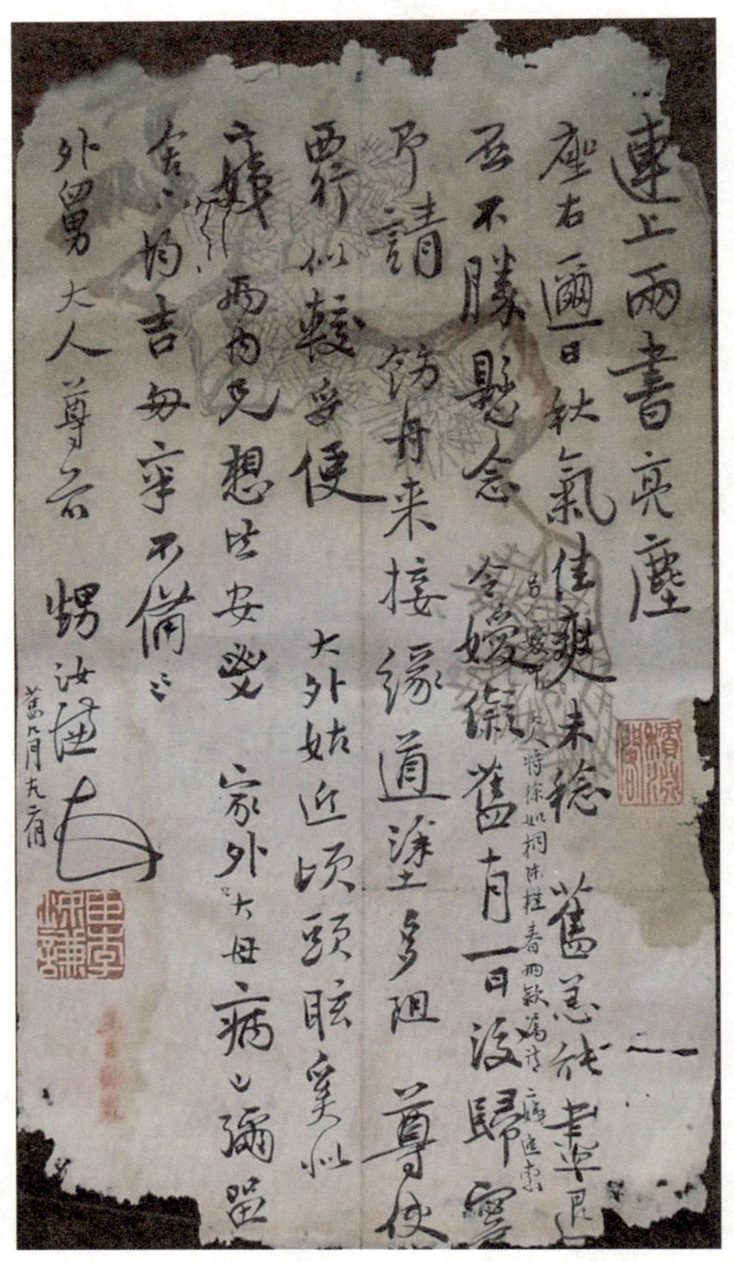

孔夫子拍卖网　名人墨迹　真迹　李汝谦家书

2. 馆藏所见与李汝谦有关的作品

《西岳华山庙碑》四明本

2017 年 3 月 23 日摄于故宫博物院，图中人物为李汝谦的孙女李荣。《西岳华山庙碑》四明本，民国初年曾为李汝谦、潘复收藏。1975 年胡惠春将此本捐赠北京故宫博物院，是国家一级甲保护文物。

唐拓武梁祠画像

修复后的武梁祠画像

封面题签为郑孝胥所书。《唐拓武梁祠画像》现存故宫，是国家一级甲等保护文物。

黄小松得碑十二图

黄小松得碑十二图之一

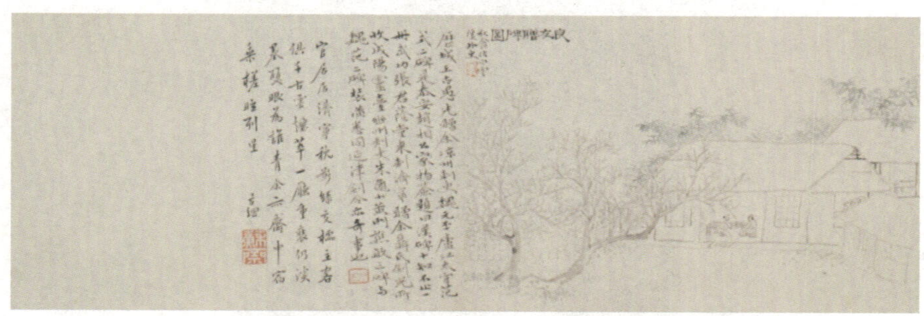

黄小松得碑十二图之二

封面题签为李汝谦所书，现存天津博物馆，捐珊即一山。

刻在太白楼上李汝谦的对联

上联：宴客亦寻常，贺监何人，应让风流归太守；

下联：能诗最奇特，青莲如我，不须星宿托长庚。

李汝谦的十一言联

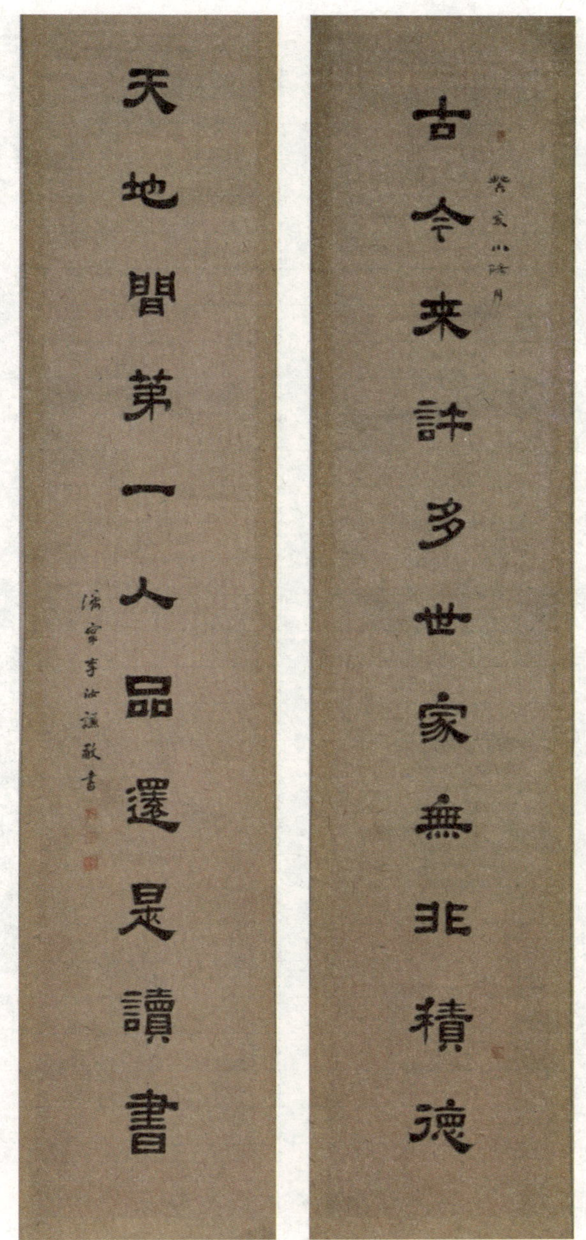

上联：古今来许多世家无非积德

下联：天地间第一人品还是读书

李汝谦1923年书写的十一言联，现存青岛博物馆。

李汝谦的隶书五言对联

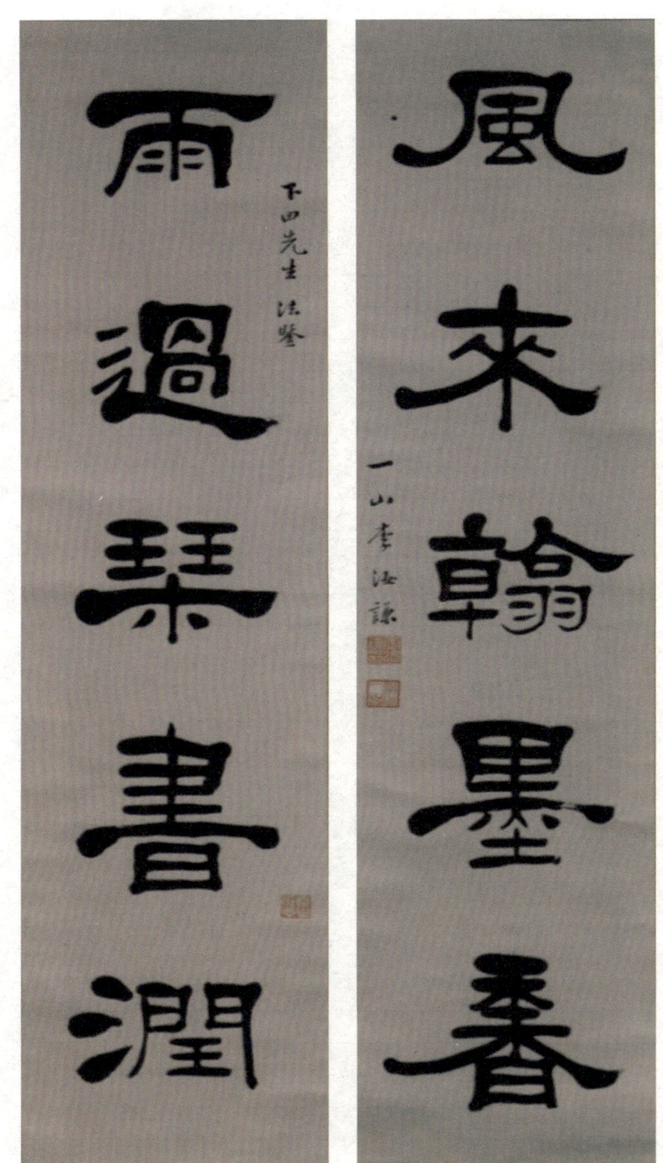

风来翰墨香　雨过琴书润

李汝谦留学日本期间书写的五言对联（各 103.5cm × 21.9cm），2006 年 4 月曾在日本展出，现收藏在日本实践女子大学香雪纪念馆，曾由下田歌子院长收藏。

李汝谦的游记《游稻毛记》手迹

李汝谦的在日本留学期间写的《游稻毛记》(30.1cm×116.1cm)，现收藏在日本实践女子大学香雪纪念馆，曾由下田歌子院长收藏。

李汝谦墓碑拓片

李汝谦墓碑拓片，王文墀撰文，吴永书丹，罗振玉篆额。1931年9月立于北京市海淀区德胜门外祁家豁子。墓碑原拓片现存国家图书馆善本阅览室。

3. 目前所见李汝谦所作序、跋作品的书影和印鉴

《说文古籀补补》序

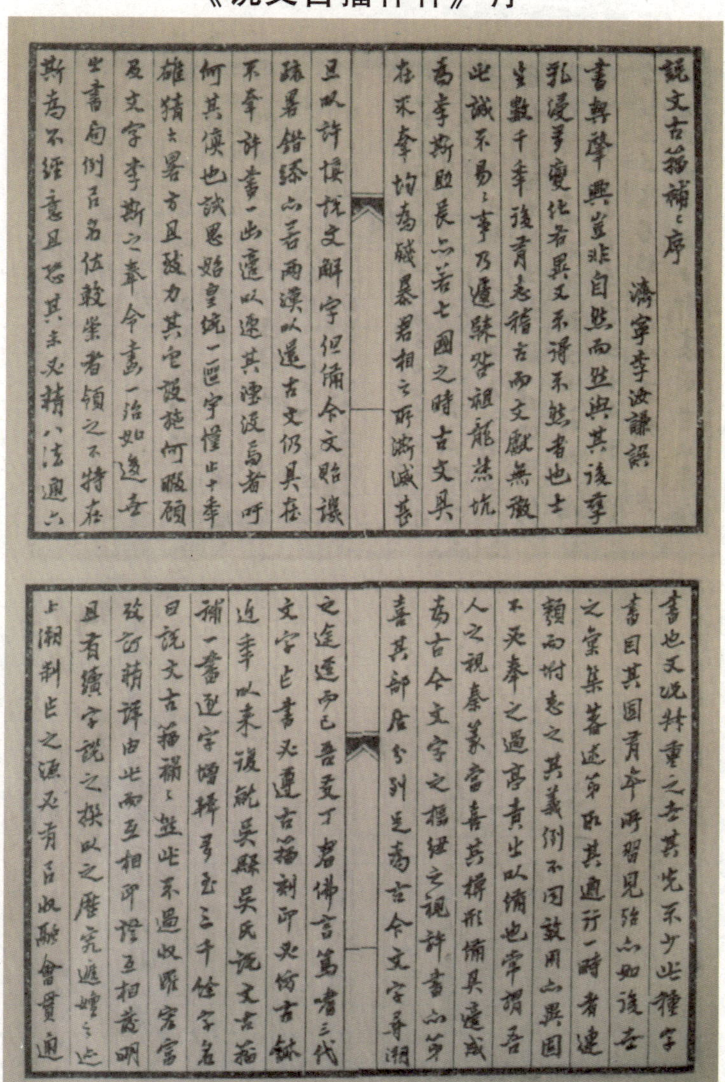

說文古籀補補序
濟寧李汝謙譔
書契肇興豈非自然而然與其後孳
乳浸多變化各異又不得不然者也上
至數千年後有志稽古而文獻無徵
此識不易易事乃遷[illegible]登祖龍焚坑
為李斯與長而若七國之時古文具
在不幸均為嬴秦君相之所消滅甚
且以許慎說文解字但備今文貽譏
跡略錯綜而吾兩漢以還古文仍具在
不幸許書一出遂以遂其湮沒者呼
何其慎也試思始皇統一匹字僅十年
雄猜之略方且致力其它設施何暇顧
及文字李斯之奉命畫一始如遂否
出書向例召名佐較業者領之不特在
斯為不經意且恐其未必精八法遑六
書也又況科重之去其先不少此種字
書目其固有本再習見始亦如後去
之案集著述第取其適行一時者速
類而附志之其義例不同致用亦異固
不足奉之過高責出以備也常謂吾
人之視秦篆當喜其模形備具遠成
為古今文字之樞紐之視許書亦第
喜其部居分列足為古今文字尋溯
之途逕而已吾友丁君佛言篤嗜三代
文字凡書必遵古籀刻印必仿古鉨
近年以來複就吳縣吳氏說文古籀
補一書逐字增輯多至三千餘字名
曰說文古籀補補雖此不過收羅宏富
考訂精詳由此而互相印證互相發明
且有續字說之撰以之曆究遞嬗之迹
上溯甲骨之源及有所收融會貫通

1925 年李汝谦为丁佛言的《说文古籀补补》作序

《新郑出土古器图志全编》

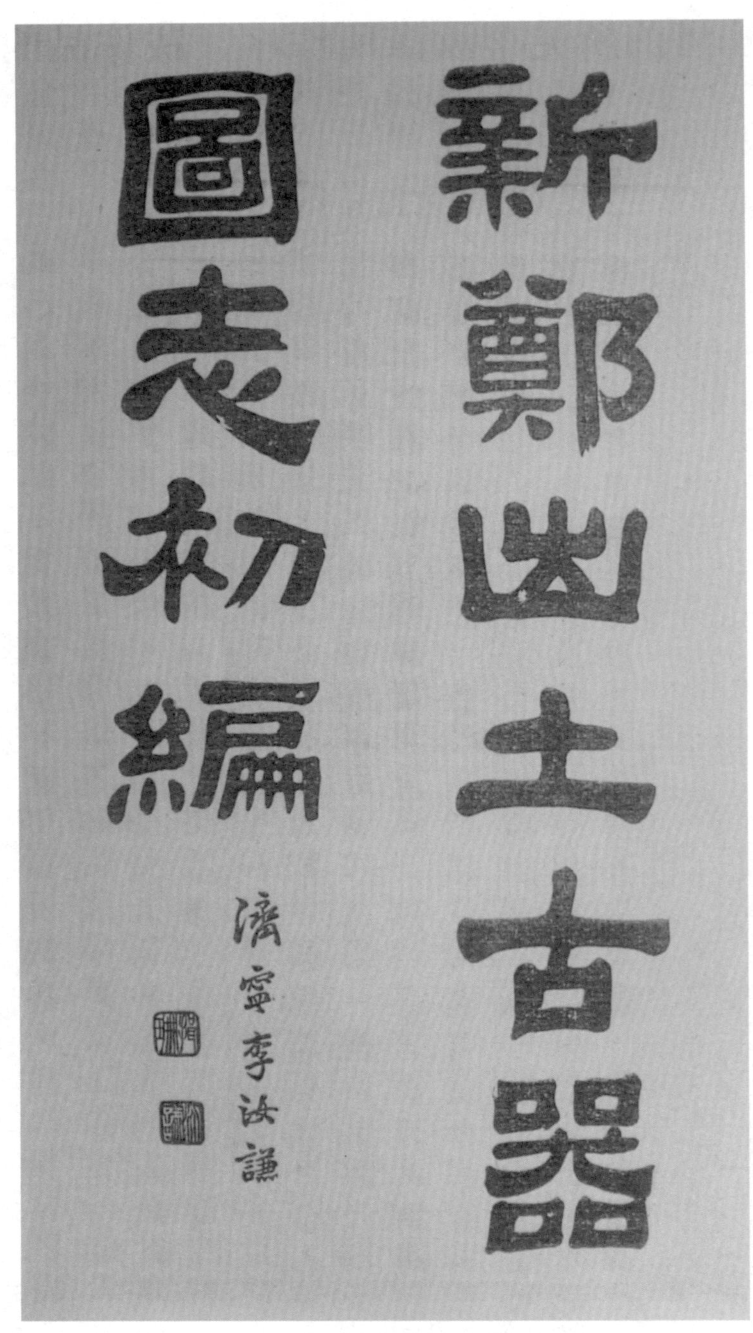

《新郑出土古器图志全编》（1）

序

下帷課子與時罕通者年餘一日膠州柯君昌泗譁然造予舉　薦公名向
予作賀以爲　薦公擢方面矣既出通電相眎知爲新鄭發見古物事不禁
驚心動魄者久之比得　薦公教且言海豐吳氏捃古錄一書實得日照許
印林先生之助乃躍然以興及至　薦公軍門寒暄未竟即爲余樂道其詳
於出土古物業已如數家珍且指撝幕僚彙爲一編第其大小校其重輕行
將景印公諸當世是殆天授兼資有非尋常所可及已　薦公且語余曰吾
國之視古物以爲第供私人玩好而且巧取豪奪罔知忌諱適足以溺人心
而敗風俗從未聞公共保存以備研究學問之用昌明文化之資此次主持
矯正幸獲申張不惜汲汲成書以防散佚更換之敝至于鑒別考釋原以待
之專家非余責也嗟呼古物出世千載一時既待人而後顯亦得人而益章
薦公治軍作戰所至有聲而又於教練之暇倡兵學獎兵工殷殷以養人
材籌生計爲己任今者地不愛寶蓋亦有賴于儒將高名附麗以傳之意而
薦公所以處置之者又復如是其光明俊偉宜乎中外震驚謳歌不已洵
足引爲桑梓之幸海岱之光此柯君所以爲予賀也　薦公既屬予叙且以
專家之業期予自維輕躁萬事淺嘗於金石之學尤未窺其涯涘因憶咸同
之際鄉前輩如利津李竹朋先生輯古泉匯濰陳壽卿先生輯古印舉或亟
以問世或昚不示人深心各有所寓取法自宜折衷所幸吾鄉不少通材善
釋古文者臨清吳君桂華工書古文者黃縣丁君世嶧多識古器者鄆城夏
君繼泉精拓古器者利津李君澤庚安得薈萃一堂與　薦公商榷之也癸
亥重陽後三日濟寧李汝謙譔

《新郑出土古器图志全编》(2)

1923 年李汝谦编辑的河南省《新郑出土古器图志全编》，并作序。1965 年由台湾成文出版社出版。

《秋盦遗稿》跋

續修四庫全書　集部　別集類

二一四

1910 李汝谦石印出版黄易的《秋盦遗稿》并作跋，见《续修四库全书》1466 册。

李汝谦《得碑自记》书影

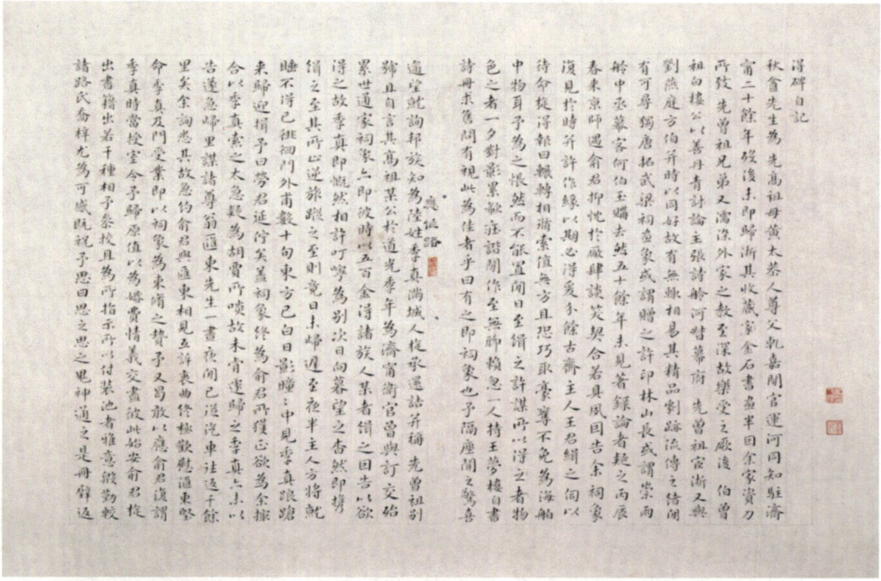

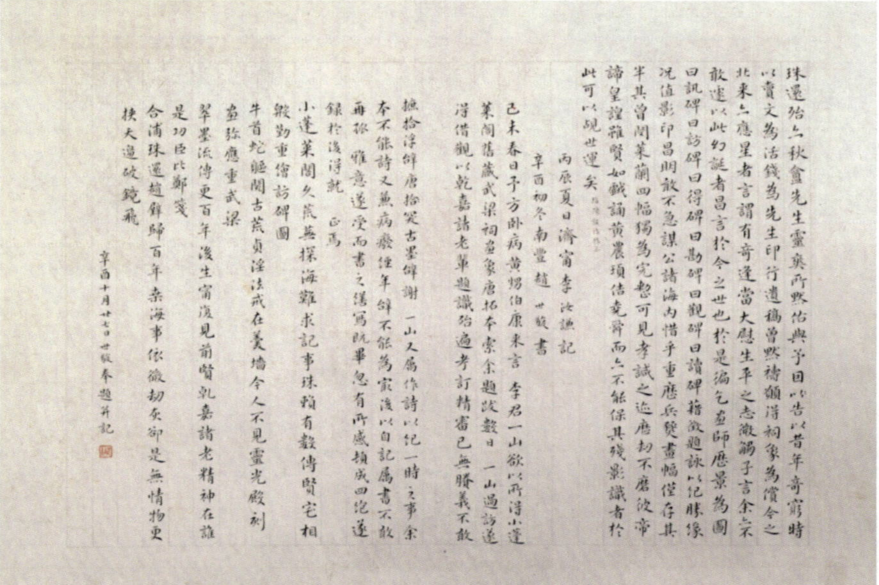

李汝谦几经周折，于1916年得火后残本《武梁祠堂画像题字唐拓本》，将其重裱成册修复并作《得碑自记》（赵世骏书），拓本分上下两册，册中汇集了乾嘉、清末民初多位金石书画界名家作品与题词。该拓本曾于清道光二十九年（1849）被火烧。

李汝谦用过的部分印章

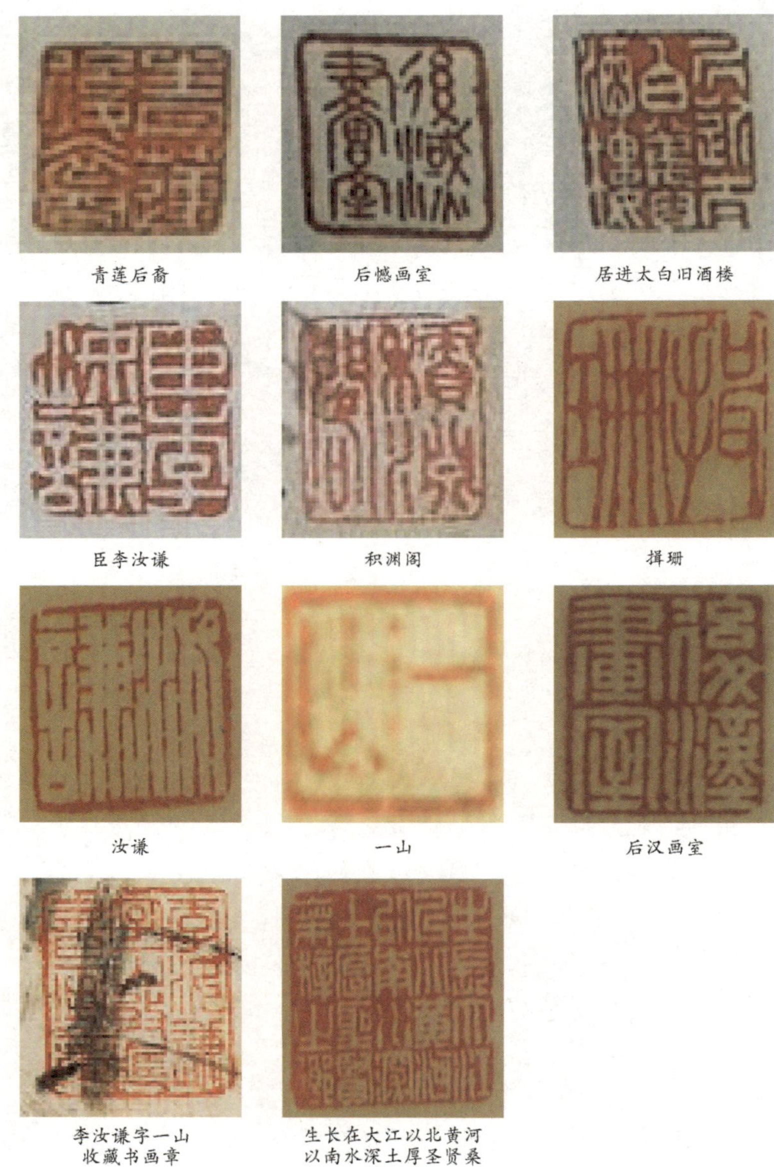

青莲后裔　后憾画室　居进太白旧酒楼

臣李汝谦　积渊阁　揖珊

汝谦　一山　后汉画室

李汝谦字一山收藏书画章　生长在大江以北黄河以南水深土厚圣贤桑梓之乡

4. 李汝谦在济宁的遗迹

太白楼诗联

右为李汝谦的重孙李辉、中为李汝谦的孙女李荣、左为李汝谦的重外孙女姚双云，2017 年 4 月 22 日摄于济宁太白楼。

济宁苨园

2017年4月23日李汝谦的重孙李辉
在苨园内装了两瓶土以做纪念

苨园里的德国教堂

苨园的后花园

苨园里的流苏树

5. 李汝谦年谱

1878　生于山东济宁。

1883　5 岁入私塾。

1885—1886　7～8 岁能谐声，作韵语。

1887—1904　先后考过县试、府试和院试，成为庠生。后入府州县学为附学生员，又通过岁考递升为廪膳生员。

1905　27 岁，科举制度废除，陷入仕途迷茫。

1907　29 岁，山东巡抚杨文敬推荐官费赴日本留学，学习法政。

1910　石印出版黄易的《秋盦遗稿》并作跋，收入《续修四库全书》1466 册。

1911　33 岁，从日本回国。

1912　任民国首任泰安知府。康有为济宁访碑，李汝谦为其先导。

1913　泰安府裁撤，李汝谦降为县知事，故又自署曰“岱宗殿守”。在县任不久，以官场倾轧去职。

1914—1926　协修《清史稿》。

1916　诗文集《螺楼海外文字》石印出版。重获黄易最为珍贵的藏品《唐拓武梁祠堂画像》，修复并作跋。

1917—1922　先后在鲁棣阳管理盐务，在北平国史馆编辑、撰写文史资料，创立《卮言日出》报社，任山东大学讲师。（1918 年为清代著名画家姜筠的“爱日楼图”题记）

1923　编辑印制河南省《新郑出土古器图志全编》并作序。

1925　为丁佛言的《说文古籀补补》作序。

1927　任黄县知县。在黄县任职期间曾专为山之南先生授课。

1928　因政见不合，弃黄县知县回北平，在北洋政府任法制局参事。

1929—1930　闲居北平净土胡同 7 号。（1930 年为著名画家陈半丁的“寒香”成扇题记）

1931　病逝于北平，葬于北京海淀区德胜门外祁家豁子。

附：李汝谦及其子孙后代

五支五房第十七世李汝谦

五支五房第十八世李亚如

五支五房第十九世李宗济

五支五房第二十世李辉

五支五房第二十一世李沅久皓

6. 无法忘却的回忆

——记我的姥姥闫淑贞

《任城李氏家谱》中记录了李氏家族600年间上千名的男人，而作为男人的一半——家族中的女性，很少被提及，即便提到，也没有名字，不过保留了一个父姓，如某氏。她们都是默默无闻走完自己的一生。读家谱，由此我常常想起自己的姥姥：一个李氏家族第十八世的女人，一个外曾祖李汝谦的儿媳妇，一个离开我们近30年的老人。姥姥的一生同样是默默无闻的，但是对于我的成长、影响却是巨大的、深远的，刻骨铭心的。如果我不拿起笔，写下点儿什么，谁又知道这样一位默默的、平凡的对于我而言却是伟大的女人呢？

我的姥姥闫淑贞
摄于1967年

2016年，是她的百年诞辰，2018年是她离开我们整30年。几十年过去了，姥姥的音容笑貌依然历历在目，我常常想起和她在一起生活的点点滴滴。

姥姥叫闫淑贞，1916年2月22日生于北京，1988年5月15日病逝于北京。我的童年是和姥姥一起度过的，记忆中她总是穿着又老又旧但干净合体的灰色衣服，花白的头发，微微驼着背，饱经风霜的脸上总是挂着慈祥的笑容。我印象最深的还是姥姥那双手，小的时候每逢外出她总拉着我的手。她的手指又粗又长，指关节有些突出，手掌布满厚厚的老茧，掌纹又粗又深，一条条青筋在手背上清晰可见。那是一双为家人操劳的手。她不仅抚养了自己的子女，还亲手带大了孙子、孙女、外孙女，共七个孩子。这在今天看来，是如此艰辛与劳作，实在不可思议。

在我记忆里，都是姥姥忙碌的身影。姥姥很会做饭，一日三餐变换着花样儿，什么简单的食材，经过她的手都会变成一桌色香味俱全的美食。她每天至少要做九口人的饭菜，来回要走五六站路去买菜，买回来后摘菜、洗菜、做饭，那个时候没有半成品，从买菜到饭菜端上桌要付出很多劳动。姥姥缠过足，提着装满菜的袋子常常让她的身体倾斜不稳，尽管辛苦，可是当她看着全家人坐在一起吃着香喷喷的饭菜，她就心满意足，特别是逢年过节全家人团圆围坐，她是最忙碌的也是最高兴的。

姥姥手很巧，不光饭菜做得好，还为我们做衣服纳鞋。即便是衣服穿旧了，经她一改，也能变得好看、得体，那时家里孩子们的很多衣服大多是姥姥剪裁后，一针一线做成的。做衣服还算容易，做鞋就没有那么简单了。做鞋分为纳鞋底和做鞋帮两部分，特别是纳鞋底很麻烦，要在一个平平的木板上刷上浆糊，然后把碎布头铺平对齐，刷上一层浆糊，再将布头铺平对齐，刷一层浆糊，这样重复多次，最后晾干。晾干之后，再照着脚的大小剪出鞋底尺寸，然后一针一针地纳，做好一双“千层底”的鞋底，她的腰常疼得直不起来。纳鞋底也不容易，来回无数次的穿针引线，稍不小心，针尖就会将手扎出血。记忆中，小时候当我已经钻进被窝里的时候，她还在昏暗的灯光下纳鞋底。现在常常责怪自己那时不懂事，穿着她做的新鞋乱跑，不知道省着穿。

那个年代，我父母背负着出身不好的压力，他们在单位里只有比出身好的同事更努力工作才能少受些罪，但即便如此，也没少挨批判。姥姥为了减轻他们的负担，好让他们安心工作，就把全家几乎一切家务承担下来，每天只见她从早忙到晚，很少有休息的时候。“文革”中最乱的那几年，我的父母被下放到农村，我跟着姥姥一直生活到小学毕业。

姥姥对我们无微不至的照顾令我终生难忘。有一次，学校组织活动，头一天通知说，上午两节课结束后，要直接去参加活动，中午没时间回家吃饭，姥姥知道后什么都没说。第二天上午，我在上课，有人轻轻敲了教室的门，老师去开门，我们这些孩子的目光也移向了门口，只见站在门口的正是我的姥姥。我看见姥姥用变黄了的屉布，包着什么东西给了老师，我听见她跟老师交代说是给我的，姥姥说完话轻轻带上门转身走了。那是一节算术课，老师后面讲了些什么我都没有专心听进去，我一直透过窗户看着姥姥渐渐远去的身影。我们的教室在学校最里面，我看见她穿过操场，蹒跚地走过长长的过道才到学校大门口。我望着她离去的背影，心里好心疼她。下课后，老师把姥姥送来的东西给我，我打开一看是两张还温热的红糖饼。姥姥缠过足走不快，这一趟往返有几站路，想到她走这么远为我送来午饭，我的眼泪差点掉下来。她这一趟，共送了三份糖饼，因为表姐李然、表弟李辉和我各相差一岁，同在一个学校读书，都要参加学校组织的活动。直到今天，每每回忆起这一幕我的心里都是暖暖的。

“文革”中，姥姥的出身问题让她吃了很多苦。有段时间她被要求“早请示、晚汇报”，所谓“早请示、晚汇报”就是手拿红宝书放在胸前，低着头对着墙上的毛主席像“表忠心”，一站就是很长时间。那时候我还小，很多事情似懂非懂，我怕别人有意无意地撞她，于是就常常站在她身后想保护她。好几次姥姥回到家对我说以后不要站在她身后，她说：“姥姥没事，姥姥什么都不怕。”后来我才明白，她是在保护我，怕我被别人“撞”倒。那时街道的大喇叭里常常传出“打倒地富反坏右”之类所谓的“黑五类”广播，有几次还点了姥姥的名字。姥姥什么都不说，她照样每天天不亮就起来，拿起那把一米多长的大扫帚在人们起来前，把整条街打扫得干干净净。尤其是到了秋天，每天都是满地的落叶，她握着那把大扫帚一下又一下，吃力地扫着厚厚的落叶；冬天的时候，天气冷得刺骨，特别是下过一场雪之后，她起得更早，天没有亮，地面又湿又滑，微弱的路灯灯光下，她缠过足的脚小心翼翼地踩在雪上，深一脚浅一脚地把雪扫到路边，为别人清理出一条道。

姥姥没有太多的文化，但她希望我们都能把书读好。那时家里并不富裕，有时到了月末还会紧巴巴的，但我们的学杂费从来没有晚交过，当我们需要钱买学习用具时她从没犹豫过。每天放学回家，她会督促我写作业，她也会戴上老花镜拿起我的作业本翻来翻去地“检查”，她虽然看不太懂，可看到老师给了“5”分或者“优”时她会很高兴。

姥姥不仅对晚辈体贴入微地关怀、不计回报地付出，而且她对长辈的照顾更是细心周到。我常听母亲讲，姥姥特别尊重关心她的婆婆。姥姥的婆婆很讲究吃，她喜欢吃姥姥做的饭菜，姥姥就每顿都为她精心地做小炒。姥姥的婆婆年纪大了身体不好，姥姥就帮她洗澡穿衣，为她端屎端尿，事无巨细都是她一人操劳，几十年如一日，姥姥与她的婆婆关系十分融洽。

我还常听母亲讲，姥姥乐于慷慨助人。她很节俭，舍不得给自己花钱买东西，她的那几件衣服都是缝了又缝，补了又补，可她却舍得把省下来的部分钱物用来帮助有困难的邻居。比如，在净土寺居住时她帮助过曹家。曹家孩子多，粮食不够吃，姥姥就常给他们送馒头和窝头。在五道营居住时，她帮助过徐家。三年困难时期，姥姥住在打钟庙，时常以钱、粮票，帮助窑煤工人及其他困难户。姥姥待人真诚，邻居关系相处得很好。记得小时候家里有了好吃的，她总让我端着碗给这家送一点儿，给那家留一点儿。正因为如此，大家感恩姥姥的善行，才使全家人在“文革”中少受很多罪。

姥姥就是这样一个人，一辈子勤勤恳恳、任劳任怨，心里总是装着别人，她用自己的爱和双手为亲人奉献着，不要任何回报，只要亲人快乐她就满足。我从小和姥姥一起生活，是她以身作则身体力行，教会我“踏踏实实做事，老老实实做人”，是她告诉我“人没有吃不了的苦，只有享不到的福”。所以，在我初到美国的几年里，虽在异国他乡遇到了那么多学习和生活的困难，但都能平稳度过。也是她教我学会在生活中无论受到任何的曲解和误解都要能忍辱负重，克制自己，宽恕他人。

许多的人和事，只有等到失去了才懂得珍惜，而拥有时，却从未意识到有一天会失去。那段和姥姥在一起度过的天真、无邪的童年令我至今难忘。那时候，天蓝树绿，尽管有阴霾，但姥姥让阳光照进我的心里，是她撑起了这个家，给我们一个避风港。如今，我早已长大成人，姥姥却已经故去近30年了，她常常让我沉浸在深深的思念中，也常常会让我陷入伤感里；她时时刻刻在我的记忆里，伴我成长、伴我成家立业，伴我走过人生路途的每一步。除了思念，我还有深深的遗憾，遗憾长大成人的我没能好好地孝敬她一天。

姥姥，您在天堂里还好吗？我知道在我人生路上最艰难的时候是您在保佑我，让我平安。姥姥，等我百年之后，当我穿过那扇通往天堂的神圣之门，您我相聚，您一定还要用您那双温暖的手拉着我，从此我们再也不分离。

姚双云

2017年10月于北京

7.《任城李氏家谱》功名一览表

世系	姓名	科位及功名	品级	任职及封号	备注	排序
三世	李　经	庠生				1
八世	李同芳	庠生	正七品			2
九世	李维心	庠生				3
	李维性	庠生	正四品	诰赠中宪大夫，例授文林郎侯选知县		4
十世	李显祖	廪贡生	正四品	例授承德郎，候选通判		5
	李扬祖		正六品	例授宣德郎，候选州同		6
	李　逊	康熙庚午科举人	正七品	授东昌府聊城县教谕		7
	李光祖	庠生				8
	李昌祖	庠生	正四品	诰赠中宪大夫，天津府知府	事载州志	9
十一世	李时茂	庠生	正四品	诰授中宪大夫，户部湖广司郎中		10
	李时蔚		正四品	诰授中宪大夫，候补主政		11
	李时華		六品	考授州同知		12
	李时蕡		六品	侯选州同		13
	李时苕	康熙癸酉科武举	六品			14
	李时荃	太学生				15
	李时荫	岁进士	七品	侯选教谕		16
	李时若	康熙丁酉科副榜	六品	例授征仕郎		17
	李时菶	廪贡生	正四品	诰赠朝议大夫，覃恩貤封中宪大夫，侯选州同		18
	李时萃	岁进士	三品	诰封中宪大夫，天津府知府		19

十二世	李　勷	庠生	正四品	诰授中宪大夫，中书科中书户部候补郎中		20
	李　勋	廪贡生	正四品	诰授中宪大夫，国子监助教，升授刑部广东司郎中		21
	李　勉		正五品	候补郎中		22
	李　勸		正五品	候选府同知		23
	李　劭		正七品	敕授宣德郎，浙江新昌县知县		24
	李　勤	监生				25
	李　勫	岁进士	从六品	例授儒林郎		26
	李宸箴	监生				27
	李宸琮	监生				28
	李秉仪		五品	候选州同知		29
	李秉谦	太学生				30
	李秉智	太学生				31
	李钟学		六品	候选州同知		32
	李钟庚		六品	候选州同		33
	李钟庆	庠生	六品	考授州同		34
	李钟泰		七品	候选光禄寺署正		35
	李源泗	岁进士	七品			36
	李钟泗		七品	候选詹事府主薄		37
	李钟柏		正四品	敕授承德郎，晋封中宪大夫，福建泉州安海通判		38
	李钟沂		从二品	诰封朝议大夫，晋赠通奉大夫，候选同知		39
	李钟淳	庠生	正四品	诰授中宪大夫，歷任直隶保定府安州知州，承德直隶州知州，广平府同知，天津府知府	清廉爱民，建生祠，立德政碑，去思碑。详见安州志	40
	李钟浸	岁进士	正五品	诰封奉政大夫，候选同知		41
	李钟泌		从四品	诰授朝议大夫，户部湖广司员外郎		42
	李钟沛		从四品	例授奉政大夫，晋封朝议大夫候选同知		43
	李钟淑	附贡生	正五品	诰授奉政大夫，历任山西平陆县大同县知县，代州知州，霍州直隶州知州		44

十三世	李大霞		正六品	候选州同		45
	李大霑	监生				46
	李大霖	贡生				47
	李大雯	庠生				48
	李大霮		正五品	候选通判		49
	李嗣伟		从四品	诰授朝议大夫，江西候补知府		50
	李大椿		从四品	诰授朝议大夫，直隶保定府同知		51
	李基淇	监生				52
	李基浚		正九品	例授登仕郎		53
	李基洸	太学生				54
	李　桐	监生				55
	李　坛	监生				56
	李大凯	庠生				57
	李本康		从九品			58
	李大章	太学生				59
	李大任			奉天锦州府义州分州		60
	李大仕	太学生				61
	李大荣	太学生				62
	李佳士	太学生				63
	李广基	太学生				64
	李广志	太学生				65
	李广检	太学生			赴云南任职，卒于旅次，因路远未得扶柩归里。	66
	李广约	太学生				67
	李　涵	贡生	七品			68
	李　溶	太学生				69
	李　准		从六品	考授州同，例授儒林郎		70
	李　灏	庠生				71
	李　潆		从九品			72
	李　江	太学生				73
	李大中	太学生				74

十三世	李大焕	太学生				75
	李世田	太学生				76
	李世敏	庠生				77
	李都柱	贡生	正四品	诰封中宪大夫		78
	李保柱	太学生				79
	李　瀚	乾隆庚寅恩科举人乾隆庚子恩科进士	从四品	诰授朝议大夫，御史刑部贵州司员外郎，壬子科顺天乡试同考官		80
	李　琬		正四品	诰封中宪大夫，工部屯田司主事		81
	李　泳		正二品	诰封奉政大夫，晋赠资政大夫，即用郎中，加一级		82
	李　莹	嘉庆庚申恩科举人嘉庆辛未恩科进士	从二品	诰封奉政大夫，晋赠通奉大夫，江南道监察御史	著有《乐志书屋遗集》	83
	李　澍		从二品	诰封奉政大夫，晋赠通奉大夫，即用郎中		84
	李大龄	附贡生	正五品	例授承德郎，诰封奉政大夫，候选州同		85
	李大猷	太学生				86
	李大崑	太学生				87
	李大崙	贡生	从五品	诰封奉直大夫		88
	李大墉	庠生	七品	候选布政司		89
	李大峒	乾隆丙午科副榜嘉庆戊午科举人	七品			90
	李大嵋		七品	候补监大使		91
	李大嵩	庠生				92
	李大岚	太学生				93
	李大岑		从四品	诰封奉政大夫，晋封朝议大夫，候选郎中		94
	李大峻		从四品	诰授朝议大夫，兵部职方司郎中，加一级		95
	李大岏	太学生				96
	李大嵺	恩贡生				97
	李大嶙	庠生				98
十四世	李国栋	贡生	正七品			99
	李　镄	廪贡生	正八品	候选教谕		100
	李国楫		正七品	例授修职郎，候选县丞		101

十四世	李　嵘	庠生				102
	李　艷	廪贡生	正八品	候选教谕		103
	李　紅	监生				104
	李国材	监生				105
	李国棠	贡生				106
	李佛保	恩贡生				107
	李僧保	庠生				108
	李　铣	监生				109
	李学裕	监生				110
	李郁亭	监生				111
	李呈瑞		从九品			112
	李呈璘		从九品			113
	李汝棠	庠生				114
	李汝楷		从九品			115
	李会麟	太学生				116
	李会宁	太学生				117
	李会元	太学生				118
	李会文	太学生				119
	李敬高	庠生				120
	李慰高	太学生				121
	李贵易		七品	例授修职郎		122
	李贵身		七品	例赠修职郎		123
	李　容		正五品	诰授奉政大夫，刑部督捕司郎中		124
	李　澗		正四品	诰封中宪大夫，刑部江西司员外郎，湖南安化县知县	著有《石林诗稿》四卷，《梦情集》一卷	125
	李　庄		六品	北城兵马司正指挥		126
	李　晏			东河候补府经历		127
	李　征		六品	布政司理问		128
	李联奎		从六品	例授宣德郎，候选布政司经历		129
	李联桂		从五品	诰授奉直大夫，浙江司主事候补员外郎		130

十四世	李联發		从五品	诰授奉直大夫，即用员外郎，加二级		131
	李联弟		正四品	诰授中宪大夫，河南候补道署，河南南汝光道		132
	李联榜	嘉庆戊寅恩科举人	正七品	敕授修职郎，清平县教谕		133
	李联厚	嘉庆戊寅恩科举人	从四品	诰封朝议大夫，郯城县教谕，候选员外郎，加二级		134
	李联均		从五品	诰赠奉直大夫		135
	李联沣	附贡生	正二品	诰封资政大夫，候选员外郎		136
	李联坛	嘉庆甲子科举人	从二品	敕授文林郎，貤封通奉大夫，内阁中书		137
	李联良		从二品	诰赠中宪大夫，晋赠通奉大夫		138
	李联筠		从五品	例封儒林郎，诰封奉直大夫，候选布政司理问，加二级		139
	李联培		从三品	诰封奉政大夫，晋封中议大夫，候选同知		140
	李联堉	附贡生	从二品	诰封朝议大夫，晋封通奉大夫，议叙员外郎，加二级		141
	李联鸿		从五品	诰授奉直大夫，直隶良乡县知县，即用知州		142
	李联洋		从二品	诰封中宪大夫，晋封通奉大夫，候选道加四极		143
	李鸿埙		从三品	诰授中议大夫，直隶候补直隶州知州，广宗县知县		144
	李联浚		五品	监提举衔，候选通判		145
	李　辅	太学生				146
	李　瓒	太学生				147
	李　瑞	附贡生	正五品	诰封奉政大夫，候选郎中		148
	李　寅	太学生	正五品			149
	李　弼	太学生				150
	李　幹	太学生	从五品	诰封奉直大夫		151
	李　玉	庠生	六品	候选卫千总		152
	李麟甲	庠生	六品	候选守御所千总		153
	李凤甲	庠生	六品	候选卫千总		154
	李　珣	嘉庆丁卯科副榜 嘉庆癸酉科举人	正七品	敕授文林郎，历任四川彭县、内江荣县、平武等县知县		155

十四世	李　瑛		七品	例封修职郎，候选府经历		156
	李　珙	道光辛巳科举人 道光癸未科进士	七品	敕授文林郎，四川郫县知县		157
	李　琮		正七品	敕授文林郎，江苏常熟县知县	勤政爱民，阖邑绅民树德政碑，入祀常熟名宦祠	158
	李　璿	增广生				159
	李　琪		正七品	敕授文林郎，浙江秀水县县丞，历署秀水遂昌县知县	委带勇剿捕鄞县枭匪阵之，幼子幼肅侍父同时阵亡，入祀浙江昭忠祠	160
	李廷仪	附贡生			著有《爱山堂诗集》二卷，未出版	161
	李廷位	太学生				162
	李廷俨	太学生				163
十五世	李聿敬		从二品	例封登仕郎，诰封朝议大夫，晋封通奉大夫		164
	李聿璋	监生				165
	李聿福		从二品	诰封朝议大夫，晋封通奉大夫		166
	李聿乐	监生				167
	李聿顺		从九品			168
	李聿元		从九品			169
	李聿成	监生				170
	李聿辰	贡生				171
	李相臣	太学生				172
	李肇琴		从九品			173
	李　芝	太学生				174
	李　愚		从九品			175
	李兴嘉		从九品			176
	李兴贤		六品	例赠登仕佐郎		177
	李寿朋		从九品			178
	李寿平		从九品			179
	李寿眉		从九品			180
	李寿禄		七品	奎文阁典籍		181

十五世	李　渠	太学生				182
	李　滨	太学生				183
	李　潽	廪贡生	七品	敕授修职郎，河南即补府经历，历署鹿邑县丞，考城巡检，商丘夏邑永城虞城典史		184
	李景高	太学生				185
	李　惇	太学生				186
	李　湄	太学生				187
	李　汭	太学生				188
	李于泰		七品	奎文阁典籍		189
	李于绶		正七品	例授文林郎		190
	李于绣		七品	例授修职郎		191
	李于缮		正九品	例授登仕佐郎		192
	李淑缘	附贡生	七品	候选训导		193
	李于迪		七品			194
	李　临		正五品	诰授奉政大夫，广东广州府通判		195
	李　璜	庠生				196
	李韫英	嘉庆丁卯科举人嘉庆己巳恩科进士	从四品	诰授朝议大夫，翰林院庶吉士户部，陕西司郎中，工部宝源局监督		197
	李韫璨	增生				198
	李韫珍	庠生				199
	李　光		正六品	例授承德郎，候选兵马司副指挥		200
	李恩洽	庠生				201
	李复诚	贡生	正七品	貤赠文林郎		202
	李复曾		从六品	例封儒林郎，候选布政司理问		203
	李侍恩	太学生	七品			204
	李文海	庠生	七品			205
	李鸣镛	庠生	五品	议叙五品衔		206
	李育乐		从四品	诰封朝议大夫，运同衔候选知县		207
	李育涞		从五品	诰封奉直大夫，光禄寺良醖司署正，加二级		208

十五世	李育漨	附贡生	从四品	诰封朝议大夫，运同衔东河候补通判		209
	李育河	附贡生	从六品	例封儒林郎，候选布政司理问		210
	李承藻		从二品	敕封登士郎，诰赠朝议大夫，貤赠通奉大夫翰林院待诏		211
	李承模		从六品	例授儒林郎，候选布政司经历		212
	李承楷		从二品	诰封奉政大夫，貤赠朝议大夫，晋赠通奉大夫同知衔，候选布政司理问		213
	李承泽	附贡生	从二品	诰封中宪大夫，晋封通奉大夫，候选道，加三极		214
	李承洪		从二品	例封修职郎，貤封通奉大夫，议叙八品		215
	李承波		六品	议叙六品		216
	李承濂			候选郎中		217
	李承灏			候选郎中		218
	李锟涝		六品	候选布政司理问		219
	李　瀛		五品			220
	李　堃			光禄寺署正		221
	李锟润		五品	光禄寺署正		222
	李　洵		五品	候选县丞		223
	李复增	太学生				224
	李复谧		七品	例授修职郎，候选县丞		225
	李鼎元	庠生				226
	李述曾	太学生				227
	李述孟		七品	例赠登仕郎		228
	李荣椿		六品	候选州同知		229
	李荣楷	太学生				230
	李荣榛	庠生				231
	李荣柯	太学生				232
	李　戴	庠生				233
	李云槎	庠生				234
	李全顺	太学生				235
	李幼鹗	附生				236

十五世	李幼骞			浙江候补		237
	李幼鸿		从九品			238
	李幼鹤			候选未入		239
	李幼敦		正七品	敕授登仕郎， 江苏吴县典史	咸丰三年 四月十三日 苏州失陷殉难	240
	李幼舆	庠生	从四品	敕授文林郎， 诰赠朝议大夫， 江苏试用知县	江宁失陷殉难， 赠知府衔， 给云骑尉世袭	241
	李幼鸣		五品	江苏候补知县军 功，同知直隶州用	赏戴蓝翎	242
	李幼曾		从九品			243
	李幼晟			江苏福山镇千总		244
	李幼鹍			直隶候补		245
	李幼鹏		从九品			246
	李　果	太学生				247
十六世	李传业		从二品	诰封朝议大夫，钦加 四极，覃恩晋封通奉大 夫，运同衔候补通知		248
	李崇楹	太学生				249
	李鸿奎	庠生				250
	李悰輔		从九品			251
	李悰兰			候选巡检		252
	李传纶	太学生				253
	李　淮		从五	例封承德郎，晋封奉 直大夫，候选州同		254
	李毓陞	太学生				255
	李嘉典	太学生				256
	李传薪		从九品			257
	李嘉禾		七品	遇缺先教谕		258
	李传孝		七品	奎文阁典籍		259
	李传刚			至圣庙启事		260
	李铭恩	庠生				261
	李　莲	庠生				262
	李　兰	监生		考取謄录候选县丞		263

十六世	李悰虔	太学生				264
	李志勤	太学生				265
	李　汶		正五品	诰封奉政大夫，候选同知		266
	李　湘	庠生				267
	李毓恒		三品	候选员外郎，加二级		268
	李毓岐			翰林院待诏		269
	李毓乇		从二品	诰封朝议大夫，晋封通奉大夫，候选同知，加四级		270
	李毓琛	附生				271
	李毓华		正七品	例封登侍郎， 东河试用主簿		272
	李毓盘	庠生				273
	李毓雯			翰林院待诏		274
	李毓瑗	庠生				275
	李毓瑾	附生				276
	李铭鋆	附生				277
	李彤江	附生				278
	李克岐	太学生				279
	李克嶷	太学生				280
	李启文	太学生				281
	李启俊	太学生				282
	李启泰	太学生	八品	议叙八品衔		283
	李　綮	太学生				284
	李　茯	太学生				285
	李庆得		八品	议叙八品衔		286
	李庆成	太学生				287
	李志平	太学生				288
	李鉴衡		从五品	候选县丞，例封奉直大夫		289
	李庆彤	附贡生				290
	李学益		从九品			291
	李学栻			世袭云骑尉东河候补		292
	李学楝		从九品			293

十七世	李功溥		从四品	诰封奉政大夫，同知衔候选监大使，貤封朝议大夫		294
	李功泌		从三品	诰封朝议大夫，晋封中议大夫运同衔，赏戴蓝翎		295
	李功沆	太学生				296
	李功渠		五品顶戴	东河候补		297
	李功宏		从九品			298
	李得成		六品顶戴			299
	李延嗣		从九品			300
	李延祝		五品	例授征仕郎，五品衔候选府经历		301
	李荣辰			候选府经历		302
	李启祥		六品军功			303
	李启臻	拔贡	七品	候选教谕		304
	李庆祺	光绪丙子举人				305
	李晋祺	廪贡生		德平教谕		306
	李继琨	光绪癸巳恩科副贡	七品			307
	李继璋	光绪癸巳恩科副贡				308
	李继钰	附生				309
	李继沆	光绪己丑恩科举人 光绪甲午恩科进士	六品	刑部主事		310
	李赐书	庠生				311
	李汝诚		八品	议叙八品衔		312
	李汝谦	庠生		泰安知府，黄县知县	著有《螺楼海外文字》	313
十八世	李祥光		五品	东河候补，主薄署宁阳县管河主簿		314
	李祥河		五品顶翎	赏戴蓝翎，河南海防先补用典史		315
	李长柱	庠生				316
	李长崧	太学生				317
	李长柏	太学生				318

（以上均摘自《任城李氏家谱》）